JACQUES ROSSI

Né en France en 1909, Jacques Rossi adhère dès l'adolescence au parti communiste polonais. Agent du Komintern en Espagne pendant la guerre civile, il est rappelé à Moscou en 1937. Happé dans le mécanisme des purges, il est condamné sans procès à huit ans de travaux de redressement pour " espionnage au profit de la France et de la Pologne ". En 1948, sa qualité de " contre-révolutionnaire " lui vaudra une rallonge de dix ans. Il sera libéré en 1956, après le XXe congrès. Il séjournera ensuite quelques années en Pologne, avant de regagner la France en 1985. En 1997, il publiera *Le manuel du goulag*.

JACQUES ROSSI

QU'ELLE ÉTAIT BELLE CETTE UTOPIE !

CHRONIQUES DU GOULAG

Illustrées par l'auteur

avec la collaboration de
Sophie BENECH

LE CHERCHE MIDI ÉDITEUR

Une partie de ces récits est parue aux éditions Elikia en 1995 sous le titre *Fragments de vies*.

ISBN 2-266-11909-5

Pour Régina

LE MOINEAU, LA VACHE ET LE CHAT

— Ici, t'es pas à l'université ! Faut réfléchir ! me dit Ahmed Souleïmanov.

Il vient de m'expliquer comment tenir le manche de la pioche afin de ne pas s'abîmer les poignets, et comment manier cet outil archaïque de façon à ne pas avoir trop mal au dos.

Il se peut fort bien qu'Ahmed n'ait pas la moindre idée de ce qu'est une université. Peut-être se contente-t-il de répéter une boutade très courante souvent proférée par les trimeurs chevronnés à l'intention des novices encore gauches qui ont une tête d'intellectuel.

Ahmed, quarante-huit ans, originaire d'un village tartare de Sibérie orientale, a fait sa première escale au Goulag à l'âge de seize ans. Pour un larcin. Depuis, il y revient régulièrement. Parfois pour des raisons tout à fait valables. Souvent parce que, comme il est déjà fiché, la police le substitue à un délinquant qu'elle est incapable d'attraper. Une pratique courante, d'autant plus facile que, selon la loi soviétique, enquête et instruction sont confiées à la même instance, également chargée de rédiger l'acte d'accusation. Quoi qu'il en soit, Ahmed possède une connaissance précieuse des arcanes de la vie soviétique en général, et de la vie au Goulag [1] en particulier. J'apprécie beau-

1. « Direction principale des camps » (*Glavoïe Oupravliénié Laguereï*) : jusqu'à la mort de Staline en 1953, appellation officielle de l'administration soviétique des prisons (pour prévenus et condamnés), des camps de travaux coercitifs (pour adultes et adolescents) et des colonies de peuplement forcé. Le Goulag assurait également le transport des prisonniers, individuellement ou en masse, à travers tout le pays, par route, par chemin de fer, par bateau (sur mer et sur les fleuves) ou par air. Des départements spécialisés du Goulag assuraient la totalité de l'abattage des arbres, l'extraction de certains minerais, la construction de chaussées, de barrages, de lignes ferroviaires, de canaux et de villes entières. Pour garder ses prisonniers, le Goulag disposait de ses propres forces armées : chars et artillerie, escadrilles d'aviation (chasseurs et bombardiers), flottilles fluviales et maritimes. La population pénitentiaire et celle des fonctionnaires, ainsi que le budget de certains complexes régionaux du Goulag (celui de Kolyma, de Norilsk, de Vorkouta, etc.), dépassaient, et de beaucoup, ceux de l'unité territoriale dans laquelle ils étaient implantés. Jusqu'à la mort de Staline, la rigueur du régime pénitentiaire n'a cessé de croître. Après sa mort, ses héritiers s'empressèrent de remplacer le sinistre terme de Goulag par « Direction principale des institutions de rééducation par le travail ». Trop tard : le mot russe « Goulag » figurait déjà dans les dictionnaires du monde entier, à côté de « bolchevik », de « pogrom », de « spoutnik », etc. Les autorités s'efforcèrent alors de minimiser l'énormité du Goulag : plusieurs de ses départements spécialisés furent supprimés. Pour les remplacer, il fallut créer des ministères (des Mines, des Ponts et Chaussées, des Constructions ferroviaires, etc.). Plusieurs amnisties successives réduisirent le nombre des détenus.

Malgré l'ouverture partielle de certaines archives depuis l'écroulement du communisme en Russie, on ignore toujours le nombre précis des détenus qui sont passés par le Goulag, étant donné le caractère secret et surtout très « spécifique » des statistiques soviétiques. Pour ce qui est du nombre actuel des prisonniers, la presse redevenue libre

coup les leçons de choses et les cours théoriques qu'il me dispense généreusement. Pour rendre ses leçons plus accessibles, il s'exprime souvent sous forme de paraboles, comme celle-ci, par exemple :

Un beau jour, en plein hiver, le soleil de Sibérie se met à briller (ça lui arrive). Encouragé par ces rayons pleins de promesses, un moineau sort de sa cachette et, tout joyeux, se met à voltiger dans ce beau ciel bleu. Mais, soleil ou pas soleil, les 50 °C au-dessous de zéro finissent quand même par glacer les petites ailes de l'imprudent. Le voilà qui tombe comme une pierre et s'enfonce dans la neige... C'est la mort. Mais, par un heureux concours de circonstances, une vache passe par là. Elle lâche un paquet de bouse juste sur le moineau. Tout heureux, il sort sa tête de la bouse et, ivre de bonheur, se met à gazouiller... Un chat l'entend. Il s'approche, le tire délicatement de la bouse, le nettoie soigneusement. Et le croque. Moralité, conclut Ahmed : celui qui te chie sur la tête ne te veut pas forcément du mal. Celui qui te tire de la merde ne te veut pas forcément du bien. Et, dans tous les cas de figure, quand on est dans la merde, il n'y a vraiment pas de quoi gazouiller !

avance des chiffres ne dépassant pas le million – pour la seule république de Russie, bien sûr, car cela ne concerne pas les quatorze autres républiques devenues indépendantes.

On retiendra enfin que le Goulag avec ses millions de prisonniers, hommes, femmes et adolescents, était pour le pouvoir un énorme laboratoire sociopolitique secret.

Pour comprendre la mentalité des dirigeants de l'URSS, une connaissance intime des réalités du Goulag était beaucoup plus essentielle que la fréquentation des diplomates soviétiques.

C'est grâce à mon ami et professeur Ahmed que j'ai appris une grande vérité : si, dans une situation donnée, je ne discerne aucune logique, c'est peut-être, non qu'il n'y en a pas, mais que je suis incapable de la percevoir.

UNE HISTOIRE BANALE

— Avoue ! Avoue, salaud ! Avoue tes activités anti-soviétiques, sale fasciste ! Fumier !

Depuis hier soir, je suis debout dans le bureau du commissaire-interrogateur[1]. Dans la fameuse prison de la Loubianka[2], à Moscou. Je ne comprends pas ce

1. Les dictionnaires russes traduisent le mot russe *sledovatel* par « juge d'instruction », ce qui était vrai à l'époque tsariste et durant les quelques mois qui suivirent la révolution de février 1917. À partir du coup d'État bolchevique, l'enquête préliminaire, l'arrestation, l'instruction et l'accusation relevèrent de la compétence d'un seul et même organe, la police. Le terme « juge d'instruction » risquant d'induire en erreur le lecteur occidental, nous avons choisi celui de « commissaire-interrogateur ».

Le plus souvent, toute la procédure avait pour but de faire condamner l'accusé à une peine fixée à l'avance. Un de mes codétenus, arrêté jadis par les nazis, puis libéré par les Soviétiques qui l'avaient arrêté à leur tour, m'a confié : « La Gestapo me torturait pour que j'avoue la vérité. Le KGB – pour que je mente. »

2. En décembre 1918, la Tchéka installe son siège dans ce bâtiment abritant avant la révolution la compagnie d'assurance Rossia, sur la place Loubianka, rebaptisée Dzerjinski en 1926. À l'intérieur de cet immeuble se trouve la prison préventive la plus « chic » d'URSS. On y enferme les inculpés de marque, dont beaucoup d'étrangers. On y exécute.

qui m'arrive. Il y a encore quelques semaines, en Espagne, je risquais ma vie au nom des idées de Lénine, et me voici à Moscou, traité de sale fasciste par un commissaire soviétique…

— Avoue ! Avoue, sale fasciste ! Fumier ! Ordure !

Il fait jour, le commissaire vient d'être relayé par un autre.

— Avoue ! Avoue, sale fasciste !

Cela fait bien plus de vingt-quatre heures que je suis là, debout, les mains derrière le dos. Est-ce la tension nerveuse ? Je ne sens ni fatigue ni faim. Au bout de quarante-huit heures, le commissaire appelle le gardien, signe une fiche et la lui remet. Le gardien me fait sortir. On passe devant un bureau derrière lequel se tient un sergent. Il prend la fiche que lui tend mon gardien, inscrit quelque chose sur son gros registre, le couvre d'une grande feuille métallique. Une fente étroite me permet de voir juste la ligne qui me concerne, en dissimulant le reste de la page.

— Signez ici ! dit le sergent en me tendant un crayon.

Je vois mon nom, la date et l'heure. Cinq heures quarante-trois. En arrivant, il y a deux jours, c'était la même procédure.

Le gardien me fait avancer en marchant derrière moi. Il ne cesse de cogner sa clé contre la boucle de son ceinturon. Dans certaines prisons, ce signal est remplacé par des claquements de la langue. À chaque tournant, croisement ou porte à franchir, il m'ordonne : « Halte ! Face au mur ! » Et il va s'assurer qu'aucun autre gardien n'approche avec un détenu.

Ces manœuvres ont pour but d'éviter toute rencontre fortuite entre des prisonniers. Rien n'est laissé au hasard. Dans chacune des milliers de prisons soviétiques, les détenus ne peuvent se rencontrer que si les autorités compétentes le désirent ou le tolèrent. C'est ainsi depuis des générations.

Me voilà enfin devant la porte de ma cellule.

— Halte !

Le gardien de service s'approche de celui qui m'escorte, jette un coup d'œil sur la fiche que celui-ci lui montre, et ouvre la porte. Pendant tout le parcours, j'ai gardé les mains dans le dos, conformément au règlement. Machinalement, je reste ainsi en franchissant le seuil. Tous les visages se tournent vers moi. Quel bonheur de se retrouver « chez soi », dans sa cellule ! Je me laisse tomber sur les cinquante centimètres qui me reviennent sur le bat-flanc commun. Un de mes voisins, sans poser de questions, m'enlève mes chaussures et masse mes jambes enflées. Quelqu'un m'apporte ma soupe de la veille. On l'a renouvelée à chaque distribution. Je n'ai pas faim. Écrasé de fatigue, je m'assoupis. Tout disparaît.

Soudain, tel un coup de matraque, mon nom. La porte s'ouvre. Dès qu'elle se referme derrière moi, m'isolant de la chambrée, le gardien me demande mon nom tout en consultant la fiche qu'il tient à la main. Je réponds. Ses deux compagnons me tordent les bras. Ils ne les lâcheront que pour me laisser signer le gros registre du sergent, avant de me faire entrer dans le bureau du commissaire.

— Avoue, sale fasciste, avoue !

— Je n'ai rien à avouer, dis-je de temps en temps.

Chaque fois, cela déclenche un nouvel accès de colère du commissaire. Ils se relaient toutes les cinq ou six heures. Moi, je reste debout, les mains dans le dos. Pendant cinq jours et six nuits d'affilée. Je ne sais pas très bien ce qui se passe autour de moi. La forte lumière du réflecteur disparaît. Je marche… Ah, on me mène le long de couloirs… Ai-je signé le gros registre du sergent ?… La porte s'ouvre… Quel bonheur de se retrouver dans sa cellule !

On revient me chercher quelques instants plus tard. Mais ce n'est pas le parcours habituel. Où me conduit-on ? Quelle importance, puisque ce n'est pas chez le commissaire !… On me fait descendre dans des caves, franchir une porte. Une salle aveugle, nue. Une ampoule au plafond éclaire un sol en béton. Quelques taches sombres et humides. Un robinet et un seau rempli d'eau. Un caporal et deux soldats, adossés au mur. Ils essuient leur front couvert de sueur. Le caporal jette un coup d'œil sur la fiche que lui tend mon gardien. Il l'enfile sur un clou. Il y a déjà pas mal de fiches. Sans mot dire, on m'assène des coups. Je ne sais plus comment je me retrouve sur le béton. Brouillard. Je me réveille. Je vois au-dessus de moi l'un des hommes, le seau vide dans les mains. Je me rends compte qu'on vient de m'arroser. On me relève. Des coups, encore. Des poings, des bottes. Avant de m'évanouir, j'aperçois sur la vareuse du caporal l'emblème des Jeunesses communistes : sur une bannière rouge, le profil de Lénine. Ce même Lénine qui nous promettait généreusement des lendemains qui chantent.

Plus de cinquante ans ont passé. J'ai vu pire que ça depuis. Et pourtant, ces trois jeunes sont restés gravés dans ma mémoire. Quelles méthodes les autorités ont-elles dû appliquer pour mutiler ainsi leur âme, et les transformer en monstres ? Finalement, c'est peut-être moi qui m'en suis le mieux tiré.

LEÇON DE DIALECTIQUE

Tête de patricien. Nez aquilin. Solide. Chair blanche, bien nourrie. Regard perçant. De l'allure. Il y a quinze jours, Boris Matveïevitch était encore représentant commercial de l'URSS au Mexique. Depuis douze jours, il est mon voisin de bat-flanc à la prison de Boutyrka[1], à Moscou. Son commissaire-interrogateur s'est tout de suite acharné sur lui. Tous les matins, vers cinq heures, on le ramène dans la cellule après l'avoir interrogé toute la nuit.

Beaucoup plus tard, j'apprendrai que les commissaires qui interrogent de nuit touchent des primes intéressantes. Quant au prévenu, une fois qu'on l'a ramené dans sa cellule, le règlement lui interdit de fermer l'œil jusqu'à l'heure du coucher. Et tous les

1. Boutyrka ou Boutyrki : cette ancienne caserne des dragons de Boutyrki de Sa Majesté impériale Catherine Ire est devenue au XIXe siècle l'une des plus grandes prisons de Moscou. Elle est prévue pour trois mille détenus, mais ce nombre a été souvent largement dépassé. Pendant la Grande Purge (1937), elle contenait environ vingt mille prisonniers, chiffre approximatif calculé par déduction. Lors de ma visite en 1993, ils étaient six mille.

soirs, on vient chercher Boris Matveïevitch pour une nouvelle nuit d'interrogatoire. Pendant la journée, dans la cellule, il se tait. Ses yeux ne voient personne. Son regard dit son désarroi. C'est à peine s'il touche au pain distribué le matin, à la semoule de midi, à la soupe du soir. Il maigrit à vue d'œil. Les interrogatoires le transforment en loque.

Un jour, aux douches, je suis surpris de le voir sortir de sa torpeur : il lave consciencieusement son mouchoir à gros carreaux marron, manifestement de fabrication étrangère. De retour dans la cellule, Boris Matveïevitch retombe dans son apathie habituelle. Machinalement, il garde son mouchoir à la main pour le faire sécher.

Parfois, au retour des douches, quelqu'un s'aperçoit qu'il a oublié sa serviette ou son mouchoir… Et voilà une voix qui lance :

— Personne n'aurait trouvé mon mouchoir ?

Boris Matveïevitch sort alors de son mutisme, l'air hagard.

— Le voilà ! Veuillez m'excuser, je vous en prie ! dit-il humblement.

L'homme s'approche.

— Non, ce n'est pas le mien.

Et il poursuit ses recherches.

— Personne n'a vu un mouchoir vert et blanc ?

Mais Boris Matveïevitch croit dur comme fer que le mouchoir qu'il tient à la main, qu'il vient de laver, est précisément celui que l'autre cherche.

Nous sommes plusieurs à essayer de le convaincre que ce mouchoir est bien à lui. En vain.

LARMES ET RIRES

Il est très tôt. On n'a pas encore donné le signal du lever. Tout à coup, la porte s'ouvre, sans bruit. Deux gardiens entrent en traînant un corps inerte. Ils le posent doucement par terre. On entend la tête heurter le sol. Puis les gardiens sortent, toujours sans mot dire. La porte se referme. L'homme ne bouge pas. Je m'approche. Sans son pull vert, je ne l'aurais pas reconnu. Il a un œil au beurre noir, les lèvres enflées, le visage tuméfié et couvert de sang.

Rudi est resté absent de la cellule pendant cinq jours et six nuits. Cet interrogatoire ininterrompu a dû être une rude épreuve. Je pose un torchon humide sur son front brûlant. Lentement, il reprend ses esprits.

Quelques jours passent. Il n'est pas convoqué. Moi non plus. Une accalmie. Pendant des heures, pour empêcher Rudi de sombrer dans le désespoir, je lui raconte des livres que j'ai lus, je lui décris des villes que j'ai visitées. Il ne réagit pas. Finalement, je lui raconte l'histoire d'une « croisière » assez particulière : le Komintern[1] m'avait chargé de transporter des documents secrets de Gênes jusqu'à un port de la Méditerranée orientale. On m'avait muni pour l'occasion d'un faux passeport suédois. Je me réjouissais à l'avance de profiter de ces quelques jours de détente sur le bateau… Mais aussitôt à bord, un steward tout radieux m'avait appris qu'il y avait un autre Suédois parmi les passagers. J'allais avoir de la compagnie. Je fus pris de panique. S'il me rencontrait, il comprendrait vite à quel « Suédois » il avait affaire. Alors j'ai fait semblant d'être malade et, pendant toute cette belle traversée, je suis resté enfermé dans ma cabine…

Tout à coup, Rudi sourit.

— L'autre « Suédois », c'était moi !

1. « Internationale communiste » : fondée en 1919 sur l'initiative de Lénine, elle regroupait tous les partis marxistes-léninistes du monde. Elle fut dissoute en 1943.

UNE VIVE RECONNAISSANCE

Le chirurgien Vladimir Radionov était connu de tout le monde dans sa bonne ville de Saransk, où il dirigeait le principal hôpital de la région. Il était apprécié pour ses compétences, son dévouement et sa générosité. Et pas seulement par ses compatriotes, les Mordves, fiers de la réussite de l'un des leurs, mais également par les Russes, qui s'étaient employés à russifier ce petit peuple finno-ougrien en laminant sa culture. La docteur comptait incontestablement parmi les notables de la Mordovie, sans pour autant faire partie de la *nomenklatura*.

Une nuit, le téléphone sonne. Il entend une voix altérée par l'émotion. C'est celle, à peine reconnaissable, du chef du NKVD[1], le général Pétrov. Tania, sa

1. *Narodny Kommissariat Vnoutrennikh Del* : « Commissariat du peuple à l'Intérieur ». Le NKVD d'URSS fut constitué le 10 juillet 1934, indépendamment du NKVD de la République russe et de ceux des autres Républiques soviétiques existant dès le début. Son département de la Sécurité d'État absorba l'OGPOU (« Direction politique principale réunie »), laquelle avait remplacé la GPOU (« Direction politique principale ») au moment de la constitution de l'Union sovié-

fillette de huit ans, suffoque. Elle se meurt. Le général vient d'envoyer sa voiture de fonction pour chercher le docteur. Celui-ci a juste le temps de s'habiller, d'attraper sa trousse... Il trouve Tania dans un état alarmant. Il n'y a pas une seconde à perdre. Incision de la trachée, puis introduction d'une canule. Le docteur aspire le pus en collant sa bouche à l'extrémité du tube. L'enfant recommence à respirer normalement. Le général et sa femme ne savent comment remercier le docteur.

Deux ans plus tard, c'est la Grande Purge[1]. Selon une logique que seules quelques rares victimes par-

tique, le 30 décembre 1922. La GPOU, elle, avait remplacé la Tchéka (« Commission extraordinaire pour la lutte contre la contre-révolution et la spéculation »), créée le 20 décembre 1917 à l'initiative de Lénine. En 1941, le département de la Sécurité d'État du NKVD de l'URSS devint un commissariat du Peuple à part entière, le NKGB. Il connaîtra quelques avatars dont je fais grâce au lecteur, pour disparaître définitivement après la mort de Staline en 1953. Ses fonctions seront alors confiées au MVD (ministère de l'Intérieur – tous les commissariats du Peuple étant devenus des ministères à partir du 15 mars 1946, le NKVD se transforma en MVD). Et c'est le 13 mars 1954 qu'apparut le fameux KGB (Comité de la Sécurité d'État).

1. Purge : *tchistka*, littéralement « nettoyage » ou « lessivage ». Vague d'arrestations massives suivie de condamnations d'une ou plusieurs catégories de citoyens. Ces purges interviennent systématiquement dès la prise du pouvoir par Lénine et son parti. La plus connue en Occident fut celle des années 1936-1938, connue sous le nom de Grande Purge, de « l'année 37 », ou plus simplement « 37 ». Elle engloutit plusieurs millions d'individus issus de tous les groupes sociaux et professionnels, surtout des membres du Parti, jugés « pas assez dévoués à Staline ». Pour obtenir les « aveux » souhaités, on avait recours à la torture. Plus d'un million et demi de personnes furent exécutées. Cette Grande Purge fut indispensable pour asseoir le pouvoir absolu du Parti communiste et de son chef.

La Seconde Purge est celle des années 1947-1949. Elle est moins connue à l'étranger, de même que le massacre de millions de paysans, de 1929 à 1932 (collectivisation forcée).

viennent à saisir, le docteur Radionov doit y passer. Sa notoriété le destine à jouer le rôle d'un « ennemi du peuple » particulièrement répugnant, dont le châtiment ne saurait être qu'une balle dans la nuque. Pensez à toutes les tortures auxquelles il faudra le soumettre pour qu'il signe de sa propre main les aveux nécessaires ! Des aveux qui seront publiés dans la presse, afin que le peuple indigné réclame sa mort.

Mais les choses prennent une tournure imprévue. Puisqu'il doit y avoir un grand procès, le général Pétrov, qui voue au docteur une profonde reconnaissance, se débrouille pour faire jouer le rôle de répugnant « ennemi du peuple » à une autre victime, tout aussi innocente. Il n'est cependant pas question d'épargner complètement Radionov – cela entraînerait l'exécution du général, et du même coup, celle du docteur. Pétrov fait donc monter de toutes pièces contre Radionov une banale inculpation de « propagande antisoviétique » passible, elle, de dix ans au maximum.

Quand j'ai rencontré le docteur quelques années plus tard au camp de Norilsk [1], il éprouvait une reconnaissance très vive et tout à fait sincère pour ce général grâce auquel il était resté en vie, n'ayant écopé que d'une insignifiante peine de dix ans.

1. Localité située à l'embouchure du Iénisseï, au-delà du cercle polaire. Les températures descendent jusqu'à – 50 °C en hiver. Le sol ne dégèle en été qu'à une profondeur d'environ quarante centimètres. Les premières cargaisons de détenus y furent acheminées dans des cales de péniches en 1936, afin d'exploiter des gisements de nickel, de

Excellent médecin, il fut très vite affecté à la section de santé du camp, où il ne devait pas seulement rafistoler les jambes et les bras cassés de ses codétenus, mais aussi soigner le personnel de l'administration. Même le directeur du camp, le général Panioukov, avait recours à ses talents. Il venait d'épouser une très jeune personne, et comme il avait des problèmes, il avait fait du docteur Radionov son médecin personnel.

Grâce aux démarches de ce général, démarches tout à fait officielles et parfaitement légales, Radionov fut libéré deux ans avant terme, alors que la majorité des politiques, à l'expiration de leur peine, se voyaient gratifiés de la fameuse formule : « À garder en détention jusqu'à nouvel ordre. » Le docteur, reconnaissant, s'occupa consciencieusement de la santé du général Panioukov jusqu'à la mort de ce dernier.

Quant à l'autre général, Pétrov, il n'avait pas réussi à échapper à la balle dans la nuque. Après chaque grande vague de répressions massives, on éliminait systématiquement certains exécutants de la vague précédente. Le bon peuple de Russie appelait cela « la liquidation des liquidateurs ». Et chaque fois, les critères présidant au choix des victimes restaient incompréhensibles.

cuivre, de cobalt et de houille, et de bâtir les fabriques et usines du futur complexe polymétallurgique, ainsi que la ville, d'après les projets d'ingénieurs également détenus.

En 1956, le département du Goulag chargé de la métallurgie des métaux non ferreux fut transformé en un ministère autonome, qui devint dès lors l'employeur de la main-d'œuvre concentrationnaire fournie par le camp de travaux forcés de Norilsk.

UNE PETITE MINUTE !

Fuyant les nazis, le jeune cardiologue viennois a trouvé refuge à Moscou. Siegfried et Esther n'ont jamais été communistes, mais ils admirent « l'humanisme » de Staline, qui offre si généreusement asile aux Juifs persécutés. Voilà donc Siegfried affecté à l'un des plus grands hôpitaux de Moscou. Un jeune étudiant qui parle allemand lui sert d'interprète auprès des malades. Siegfried supporte stoïquement les pénuries surprenantes qu'il découvre à chaque pas, tant à l'hôpital que dans la vie quotidienne. Mais ce qui lui pèse le plus, c'est cette atmosphère oppressante qui règne partout. Esther et lui commencent à se sentir étouffés par des tentacules invisibles. En outre, il leur arrive de se heurter à un antisémitisme plus ou moins larvé. Esther se souvient alors qu'elle a un oncle avocat à New York. Pourquoi ne pas tenter d'émigrer aux États-Unis ? L'oncle Isaac les aidera sûrement. L'Amérique sera la patrie de l'enfant qu'elle porte !

À leur grande surprise, les démarches auprès de l'administration soviétique sont compliquées, difficiles. Avant de déposer leur demande de visa de sortie, Siegfried et Esther doivent présenter des dizaines de certificats délivrés par d'innombrables instances dont ils ne soupçonnaient même pas l'existence.

Certains de leurs amis soviétiques, après s'être assurés qu'ils sont loin de toute oreille indiscrète, leur conseillent de laisser tomber. « Mais pourquoi ? » s'étonnent ces naïfs qui ont pourtant su échapper à Hitler. « Pour éviter le pire... » murmure d'un air énigmatique un ami qui en sait long.

Finalement, après bien des efforts, et à la suite d'une intervention du vice-ministre de la Santé en personne (il aura peut-être à le regretter plus tard), voilà Siegfried, Esther et la petite Rebecca, venue au monde entre-temps, installés dans un compartiment de première classe du train à destination de Riga, en Lettonie (nous sommes en 1937, les Républiques baltes ne seront envahies par les Russes que deux ans plus tard). À Riga, la famille doit embarquer sur un bateau pour New York. Leurs places sont réservées. Ils sont tout excités, tout heureux. Une seule chose les surprend : aucun de leurs amis moscovites n'est venu à la gare.

Le train se met en marche. Demain, ils franchiront la frontière, ils quitteront la Russie. Ce sera la Lettonie, Riga, puis le bateau pour New York... Que ce train roule lentement ! La frontière est encore loin quand, soudain, il ralentit. Des gardes-frontières soviétiques montent en marche. Ils sont très nombreux, coiffés d'une casquette d'un vert cru. Dans chaque voiture, le premier compartiment leur est réservé. Ils y installent leur quartier général. L'autre extrémité du wagon est gardée par un contrôleur soviétique. Sans un mot, ils passent dans le couloir, jettent dans chaque compartiment un regard scrutateur qui semble vous palper. Si les rideaux sont tirés, ils entrent pour les ouvrir. Toujours sans rien dire. Ce n'est qu'après cette inspection préliminaire que commence le contrôle proprement dit : tous les passagers sont tenus de rester dans leur compartiment. Un officier vient demander à chacun son passeport. Il l'ouvre, regarde la photo, puis, avec le plus grand sérieux, dévisage longuement le propriétaire, regarde de nouveau la photo. Lorsqu'il est satisfait de cet examen, il referme le passeport et le remet à son collègue. Celui-ci, impassible, l'ajoute à tous ceux qu'il tient déjà dans sa main gauche. Puis c'est le minutieux contrôle des bagages. Avant de s'attaquer aux sacs et aux valises, les douaniers se baissent pour regarder sous les banquettes, soulèvent les coussins…

Enfin, c'est la frontière. Le train s'immobilise entre deux rangées de gardes armés de fusils. La gare est toute petite. Un va-et-vient de gardes-frontières, des papiers à la main. Deux ou trois civils sont adossés à un mur, les yeux dans le vague. Un cheminot barbouillé de cambouis longe le train en frappant sur les essieux avec un long marteau. Un garde-frontière accompagne un passager jusqu'à une boîte aux lettres, et l'invite à y glisser l'enveloppe qu'il tient à la main. Le passager explique en allemand qu'il n'avait rien vu de mal à se charger de la lettre d'un ami moscovite destinée à quelqu'un de Riga, puisque c'est là qu'il se rend…

— La poste est plus fiable, assure le garde-frontière.

L'enveloppe est donc glissée dans la boîte aux lettres si « fiable » de la poste soviétique. Le passager est ramené dans sa voiture. Ouf ! Le temps passe. Deux officiers surgissent. Un dernier coup d'œil sur la photo, et on rend les passeports à Siegfried. Quel soulagement ! Il range soigneusement les précieux passeports dans la poche intérieure de son veston, avec les billets Moscou-Riga et Riga-New York. Le train va-t-il enfin démarrer ?

Un officier revient. Il monte dans le wagon. Silence de mort. On entend ses pas résonner dans le couloir. Il s'arrête devant leur compartiment.

— Une petite minute ! dit-il à Siegfried d'un ton désinvolte. Veuillez me suivre ! Ne vous inquiétez pas, ajoute-t-il avec un sourire bienveillant. Il s'agit d'une simple formalité. Le train ne partira pas sans vous !

Lorsque j'ai rencontré Siegfried à la prison de Boutyrka à Moscou, en 1938, il s'y trouvait depuis déjà huit mois. Il était sans nouvelle d'Esther et de leur fillette. Le NKVD l'accusait d'espionnage pour l'Allemagne nazie. Au bout de quelque temps, on m'a transféré ailleurs, et je n'ai plus jamais revu Siegfried. Mais dix ans plus tard, dans l'immense prison de transit de Krasnoïarsk, j'ai rencontré un certain Volodia. Et voici ce qu'il m'a raconté : après son service militaire, pour ne pas retourner au kolkhoze où l'attendait un labeur éreintant et sans perspective, il s'était fait embaucher comme gardien de camp à

Norilsk. Il y avait fait la connaissance de Maroussia, qui était infirmière à l'hôpital des prisonniers. Un détenu travaillant là comme brancardier avait raconté à la jeune femme sa triste histoire : depuis dix ans, il était sans nouvelles de sa femme et de sa fille. Il avait supplié Maroussia d'envoyer une lettre à sa famille de New York. Car lui, il n'avait pas le droit de correspondre. Maroussia avait d'abord refusé. Pour obtenir son poste, elle avait dû s'engager par écrit à n'avoir avec les détenus que les relations autorisées par le règlement. Sous peine de poursuites judiciaires. Mais elle avait le cœur tendre. Et puis elle attendait un bébé. Bien entendu, elle n'avait pas posté la lettre pour New York à Norilsk. Cela aurait attiré l'attention du NKVD local. Elle l'avait donc envoyée à Tania, une très bonne amie d'enfance qui habitait à Moscou. Une lettre à destination des États-Unis attirerait moins l'attention si elle était postée de la capitale. Tania ne pouvait lui refuser ce service. Elles avaient grandi ensemble. Quand la maman de Tania avait été arrêtée, les parents de Maroussia avaient pris l'enfant chez eux.

Comment le NKVD eut-il vent de cette histoire de lettre ? Toujours est-il que Tania fut convoquée. On lui expliqua la gravité de son acte. Quel acte ? Le fait de ne pas avoir dénoncé Maroussia… Mais tout serait oublié si Tania acceptait de séduire un certain diplomate étranger. Et si elle acceptait de se faire photographier, à l'insu de ce dernier, dans des poses compromettantes. Tania fut révoltée. Mais elle pressentit le danger.

— Camarade, dit-elle afin de gagner du temps, pour obtenir mon travail de guide, j'ai dû m'engager à ne jamais transgresser certaines limites bien définies dans mes relations avec les étrangers, sous peine de poursuites…

— Ne vous en faites pas. Ces limites, c'est nous qui les fixons…

Le camarade promit solennellement à Tania que si elle collaborait, elle n'aurait aucun ennui à son travail. Et son amie Maroussia non plus.

De fait, Tania ne fut pas inquiétée. Elle avait bien passé la première épreuve, et le NKVD la tenait en réserve pour d'autres « exploits patriotiques ». Quant à Maroussia, dont on n'avait nul besoin, elle fut condamnée à dix ans de travaux forcés pour « haute trahison ». Son mari, Volodia, s'en tira avec seulement cinq ans, pour « manque de vigilance et non-dénonciation d'un crime contre la sécurité de l'État ».

Le malheureux brancardier n'était autre que Siegfried, le cardiologue viennois. Il avait su échapper aux nazis. Mais pas aux Soviétiques.

ÇA TOURNE, ÇA TOURNE

On vient de l'amener dans notre cellule. Il s'appelle Lekhowitch. Il était ingénieur à l'usine de Lioubertsy, près de Moscou. Arrêté par la police locale, il a été confié aux bons soins du NKVD, et il est tombé sur un commissaire-interrogateur d'une cruauté sans pareille – pense-t-il. Enfin, lui qui a fui la Pologne de Pilsudski pour chercher refuge au pays du socialisme, jamais il n'avait rencontré un tel monstre. Il n'en revient pas. Des interrogatoires ininterrompus pendant des jours, des nuits d'affilée, debout, avec des commissaires qui se relayaient toutes les trois heures…

— « La chaîne », quoi ! commente quelqu'un, laconique.

Pour nous, cela n'a rien de nouveau.

Lekhowitch poursuit :

— Un beau jour, cela s'est arrêté. Je suis resté une semaine entière dans ma cellule sans être convoqué. De vraies vacances ! Et puis une nuit, on est venu me chercher. On m'a conduit dans le bureau du commissaire. Derrière la table, il y avait quelqu'un d'autre.

Le nouveau commissaire m'a appris que son prédécesseur venait d'être démasqué. C'était un agent d'Hitler. « Alors je vais être libéré ! » me suis-je dit. Pas du tout… « Raconte-nous un peu ce que vous avez manigancé ensemble, fumier ! » Le nouveau commissaire s'est avéré encore pire que le précédent. Grâce à Dieu, on m'a transféré ici. J'entends encore sa voix de fausset. C'était un rouquin avec un tic à l'œil gauche et toutes les dents de devant en acier.

— Il n'avait pas une cicatrice sur le menton ? demande un grand escogriffe que l'on a amené dans notre cellule il y a deux heures à peine.

— Si ! répond Lekhowitch. Vous avez eu affaire à lui, vous aussi ?

— D'une certaine manière, répond l'autre. C'est moi qui l'ai arrêté hier.

Qui sait ? Peut-être que dans quelques minutes nous verrons entrer celui qui a arrêté le grand escogriffe ce matin ?

Ça tourne, ça tourne…

PENKHOS KARLIK

Trois jets d'urine giclent bruyamment dans le seau hygiénique. Deux sont jaune paille. Le troisième, celui de Penkhos Karlik, est rouge. Lui, il vient de subir un interrogatoire serré pendant plusieurs jours d'affilée. Les meurtrissures, sur son visage, vont du noir au jaune en passant par toutes les nuances de bleu. Son dos est couvert d'ecchymoses en forme de demi-lune, traces du talon des bottes de ses commissaires-interrogateurs. Surtout au niveau des reins. Toute la chambrée les a admirées récemment aux douches. Dans cette cellule de la prison de Boutyrka, à Moscou, en cette année 1937, nous sommes quatre-vingt-seize prévenus.

En me fixant d'un œil (l'autre n'est plus qu'une boursouflure impressionnante), il fait observer :

— Pour Jacques, c'est plus facile, ce n'est pas son pays !

Je crois que je le comprends. Karlik se rend compte que cette hécatombe inouïe, dont nous sommes les témoins et les victimes, va marquer des générations de martyrs chez tous les peuples soumis à la tyrannie du bolchevisme russe. Dans le cas de Jacques, le Français, cet enfer ne touche que lui, et non son peuple tout entier, son pays, son histoire, sa culture… Je reconnais que c'est effectivement une consolation.

Penkhos Karlik, capitaine de l'Armée rouge et chef d'un escadron de blindés, a été pris comme tant d'autres dans l'engrenage de la Grande Purge, il a été accusé de saboter ses propres engins. Patriote sincère et soldat loyal, il n'arrivait pas à comprendre comment on pouvait lui demander de reconnaître des « faits » totalement imaginaires. Pourtant, au bout de six mois de tortures et d'isolement total, seul face à ses bourreaux, il a cessé de résister. Il a eu peur de devenir fou. Il a reconnu les « faits ». Et les tortures ont aussitôt pris fin. Le voilà tranquille dans sa cellule. La *dolce vita* !

Mais huit jours plus tard, on le conduit devant son commissaire-interrogateur qui, comme si de rien n'était, lui demande de décliner ses nom, prénom, date et lieu de naissance, et soudain se met à hurler :

— Fils de pute ! Sur l'ordre de qui as-tu saboté les blindés ?

Le commissaire insiste pour que Karlik dénonce son général. Un homme que Karlik respecte, admire… Plutôt se laisser torturer à mort que de lui porter le moindre tort !

Je n'ai plus jamais revu Karlik. Mais quinze ans plus tard, en 1953, quelque six mille kilomètres plus loin à l'est, je me suis retrouvé dans une même cellule avec un ex-général.

Il n'en revenait pas de s'en être tiré à si bon compte. Et pourtant, il pouvait à peine marcher : les os de ses deux jambes cassées sous la torture avaient été mal soignés à l'hôpital de la prison.

C'était le général de Karlik.

Isaac Borissovitch, qui avait été procureur régional avant son arrestation et sa condamnation en 1937, m'a confié par la suite que si le général n'avait pas été fusillé, c'était parce qu'il n'y avait pas eu d'ordres clairs émanant du Parti à ce sujet.

LES CACHOTS

Trois pas en long, trois pas en large. Un sol en ciment ruisselant d'humidité. Pas de fenêtre. Au-dessus de la porte, une ampoule allumée jour et nuit. Une grille métallique la protège. Un baquet qui sert de seau hygiénique est l'unique équipement des lieux. Il est poisseux et puant. Avant de bâtir les cachots, l'administration a fait creuser une fosse que l'on a remplie d'eau. À l'automne, elle s'est transformée en une dalle de glace. Ici, en Arctique, elle ne bougera plus. Elle sert de fondation aux cachots, y assurant à tout jamais une température glaciale. Voilà le « trou » où je dois passer quinze jours et quinze nuits.

Outre les cachots de ce type, il y a dans les prisons préventives des cachots spéciaux, dans lesquels sont enfermés, sur ordre du commissaire-interrogateur, les inculpés auxquels on cherche à extorquer des aveux : le cachot-étuve, équipé d'un conduit spécial qui crache de la vapeur brûlante ; le cachot-glacière ; le cachot à eau, conçu de telle sorte que l'occupant a continuellement les pieds dans l'eau froide jusqu'aux chevilles, parfois jusqu'aux genoux. Il y a encore le cachot au sol incliné, où l'on finit par avoir les pieds tordus dans une position insupportable. Citons également celui que j'appellerai « le cachot de Procuste ». Il est si exigu et son plafond est si bas qu'on ne peut y tenir que recroquevillé.

Ici, je suis libre de faire les trois pas aller et retour, ou de rester debout au milieu du cachot. Car, dès que je m'adosse au mur ou m'assois sur le sol, l'humidité me pénètre. La journée commence à cinq heures et se termine à vingt-trois heures. Abruti de fatigue, j'écoute le bruit des portes qu'on ouvre et qu'on ferme. Il se rapproche. Enfin, c'est mon tour. La porte s'ouvre, et le gardien me laisse ramasser mes vêtements déposés dans le couloir, près de ma porte. Pendant la journée, seul le linge de corps est autorisé. Puis il me fait prendre mon « lit ». C'est un panneau constitué de trois longues planches tenues par deux transversales. Il mesure un mètre quatre-vingts sur soixante centimètres. Je pose mon « lit » à même le sol, j'enfile à toute vitesse mes vêtements, je tombe sur les planches et m'endors immédiatement.

Ai-je dormi longtemps ? C'est le froid glacial qui me tire de mon sommeil. Je grelotte. Je n'en peux plus. Je me lève pour essayer de me réchauffer en faisant les trois pas aller et retour. Derrière le judas, le gardien me somme de me recoucher. Il est interdit de se lever avant cinq heures. Sinon, c'est une nouvelle punition. J'obtempère. Je me rendors. Et, de nouveau, le froid me réveille. Il me pénètre jusqu'aux os.

Je me relève pour me réchauffer. pas de réaction. Le gardien se serait-il endormi ? Je me recouche. Et ainsi de suite. Une bonne vingtaine de fois. Enfin, j'entends hurler la sirène de l'usine. Quel bonheur ! Finie, cette nuit terrible !

— Couche-toi ! ordonne le gardien.

C'était la sirène de minuit, pas du matin. Je n'ai donc qu'une seule heure de nuit derrière moi. Il m'en reste encore quatre…

Avant d'être enfermé au cachot, le pensionnaire est fouillé. On lui enlève ses vêtements (sauf le linge de corps). On les lui rendra chaque soir, avant le coucher. Cigarettes, tabac, allumettes, le moindre bout de papier, le moindre fragment de mine de crayon, la moindre lecture, tout est confisqué. Chaque matin, il a droit à un quart d'eau chaude et à trois cents grammes de pain noir, et tous les trois jours à midi, à une louche de soupe très claire.

Il y a encore un autre problème : il faut apprendre à disposer son corps sur les planches de manière à souffrir le moins possible. Si on se couche sur le dos, on expose presque tous ses os au contact direct et douloureux du bois, depuis l'occiput jusqu'aux talons – les omoplates, les vertèbres, le sacrum, les os iliaques, etc. De plus, si la tête repose à même la planche, on a le cou cassé. La position sur le ventre n'est pas non plus des plus confortables. Mais si on se couche sur le côté droit et que l'on ramène le genou gauche près de la poitrine, on arrive à contrebalancer le poids de la hanche gauche et à soulager la partie droite du thorax. On laisse le bras droit le long du

corps et on pose l'arcade sourcilière ainsi que la pommette droites sur les doigts de sa main gauche, qui font office d'oreiller. Périodiquement, on change de côté. Contre le froid, il n'y a malheureusement rien à faire.

Les quinze jours de punition terminés, on me ramène dans ma cellule. J'ai hâte de quitter mes vêtements humides et glacés. Quand je déboutonne ma veste, une odeur de moisi me monte au nez. Dieu, qu'on est bien dans la cellule !

Le plus souvent, on se retrouve au cachot pour dix ou quinze jours, et l'on n'en sort pas une seule fois. Ni promenade, ni bains. En principe, on y est envoyé pour avoir transgressé le règlement, mais il arrive aussi que l'on vous y enferme sous des prétextes fallacieux.

LA LETTRE

1937. La prison préventive de Boutyrka, à Moscou. Il y a plus de soixante inculpés dans la cellule. On entend un bourdonnement timide, à peine audible, qui ne s'amplifie jamais de peur d'être qualifié de transgression du règlement. Il est interdit d'enfreindre le « silence carcéral ».

Un léger bruissement derrière la porte. Tout le monde tend l'oreille. Silence de mort. Ce n'est pas la porte qui s'ouvre, mais le petit guichet. On voit apparaître le visage du gardien. Juste ses yeux, son menton, et une partie de la visière de sa casquette. Il a la tête penchée. Le guichet est à une hauteur d'un mètre vingt environ, ce qui explique sa position. Soixante paires d'yeux sont rivées à ses lèvres.

— La lettre M ! chuchote-t-il.

On l'entend à peine. Un jeune qui s'est approché du guichet répète ce qu'il vient de dire en se tournant vers les autres. Lui aussi parle très bas.

Tous ceux dont le nom commence par une lettre autre que le « M » poussent un soupir de soulagement. Car le « M » en question peut s'attendre à un interrogatoire.

— Mikhaïlov ! répond un vieil ingénieur.

— Et encore ?

— Mandelbaum !

— Et encore ?

— Matveïev ! répond un nouveau d'une voix étranglée.

Il est pâle, il tremble.

— Prénom ? Patronyme ?

— Ivan Borissovitch…

— Préparez-vous, selon la saison !

Fébrilement, Matveïev cherche sa veste. Un de ses voisins la lui tend. Elle était sous son nez, mais il ne la voyait pas. Il l'enfile et, dans un silence de mort, se dirige vers la porte qui s'ouvre aussitôt. Il disparaît.

Tout ce rituel – cette étrange formule : « La lettre… », ainsi que le fait de parler à voix basse – n'est pas le fruit du hasard. Si l'administration s'y prend de la sorte, c'est pour une raison très précise : le gardien pourrait se tromper de cellule et, en prononçant le nom de quelqu'un qui ne s'y trouverait pas, fournir une information aux détenus qui doivent ignorer l'identité de ceux qui sont enfermés dans les autres cellules. Car dans certains cas cette information pourrait les aider à construire leur défense. Quant au fait de parler à voix basse, il répond au même souci : les prisonniers des cellules voisines ne doivent pas surprendre un nom qu'ils ne sont pas censés entendre.

Précisons que dans le quartier des condamnés, après la question rituelle : « Nom ? Patronyme ? », le gardien ajoute : « Article du Code pénal ? Durée de la peine ? Date d'expiration de la peine ? »

La réponse à ces questions permet au gardien de connaître le degré de danger présenté par le détenu. Un condamné pour homicide involontaire est plus dangereux qu'un simple voleur, mais moins qu'un condamné pour meurtre avec préméditation. Le plus dangereux de tous est bien entendu le « politique ». Un homme dont la peine expire dans quelques mois est considéré comme moins dangereux que celui qui a encore de longues années à tirer.

Une fois la porte de la cellule refermée, le gardien (le « traîneur ») repose au prisonnier les mêmes questions. Il vérifie les réponses en jetant un coup d'œil à la fiche qu'il tient à la main. Tout concorde. Deux autres gardiens tordent les bras du détenu. Leur chef se place derrière, et donne les ordres. « En avant ! » Le prisonnier, plus mort que vif, avance entre ses deux garde du corps qui ne le lâchent pas une seconde. Il n'a pas demandé où on le conduisait. Il sait que ce cérémonial est observé uniquement lorsqu'on emmène un détenu à l'interrogatoire.

NIKIFOR PROZOROV

1937, l'apogée de la Grande Purge. Nous sommes plus d'une centaine dans notre cellule de la prison de Boutyrka, à Moscou. Des apparatchiks du Parti et de l'État, des militaires, des ingénieurs, des étudiants, des diplomates, un philatéliste, deux espérantistes, un sourd-muet, quelques communistes étrangers, un ancien bolchevik qui a pris part aux révolutions de 1905 et de 1917. Personne ne comprend ce qui lui arrive. On est tous atterrés…

La porte s'ouvre, quelqu'un est poussé à l'intérieur de la cellule. La porte se referme immédiatement. Le nouveau reste là, hagard, sans bouger, écrasé par l'énormité de son malheur. Quelqu'un le prend en pitié, lui parle, cherche à savoir d'où il vient. Aucune réaction. Puis il finit par raconter son histoire : il s'appelle Nikifor Prozorov, il a trente ans, il est paysan dans un kolkhoze non loin de Moscou. Un vieil ami installé depuis longtemps dans la capitale lui avait montré une page de *Moscou-Soir* avec une petite annonce : « On cherche un menuisier, s'adresser rue

Herzen à Moscou, numéro… » (J'ai oublié lequel.) C'était peut-être l'occasion d'échapper au kolkhoze, à cette misère sans aucune perspective. Pour des services rendus, Prozorov avait réussi à obtenir du directeur du kolkhoze une autorisation, dûment signée et tamponnée, pour se rendre trois jours à Moscou. Il était allé rue Herzen, mais impossible de trouver le numéro en question. Il s'était renseigné auprès d'un agent de police. Celui-ci lui avait répondu que c'était assez loin, et difficile à trouver à cause de travaux, mais il lui avait proposé de l'y conduire en voiture. « Que les gens sont donc gentils à Moscou ! s'était dit Prozorov, tout ému. Ce n'est pas comme chez nous, au kolkhoze ! » Sur ces entrefaites, le policier avait ouvert avec une clé une petite boîte presque invisible encastrée dans le mur d'un immeuble, il en avait sorti un combiné de téléphone, avait dit quelques mots, et avait raccroché. Il venait à peine de refermer la boîte qu'une voiture s'arrêtait à leur hauteur. Le policier avait ouvert la portière et, très aimablement, avait invité Prozorov à monter. « Vraiment, quels gens gentils ici, dans la capitale ! » avait-il encore songé, de plus en plus ému. Le trajet avait été assez long, et s'était terminé… en prison.

Ces événements s'étaient produits la veille.

— Dis donc, demande l'un des détenus, ton numéro, rue Herzen, ce n'était pas le… ?

— Si ! répond Prozorov.

— Ah, mon pauvre ! Alors, tu es un espion japonais…

Prozorov ne comprend pas.

— Ce n'est pas de ta faute, mais vois-tu, à cette adresse se trouve l'hôtel où loge le personnel de l'ambassade du Japon. Il y a des mois qu'ils réclament un menuisier. J'ai vu leurs lettres au service technique du commissariat aux Affaires étrangères, c'est là qu'on s'occupe de tous les problèmes matériels des diplomates étrangers à Moscou. Cela évite qu'ils aient trop de contacts avec la population locale. Je travaillais là jusqu'à mon arrestation. De toute évidence, les Japonais ont perdu patience et pris l'initiative de passer une petite annonce…

Lors du premier interrogatoire, le commissaire-interrogateur commence par demander à Prozorov s'il sait pourquoi il a été arrêté. Non, il l'ignore. Le commissaire l'éclaire : pour espionnage. L'annonce passée dans le journal était une ruse des espions japonais pour entrer en contact avec leur agent secret…

— Mais je ne suis pas un agent japonais ! proteste Prozorov.

— Prouve-le !

— J'ai vécu toute ma vie dans mon village ! À sept ans, je suis entré aux Pionniers, à quatorze, aux Jeunesses communistes. J'ai été admis au Parti pendant mon service militaire. Je ne suis pas un espion japonais…

La sincérité et la simplicité de ce pauvre bougre lui ont acquis la sympathie de toute la cellule. Un comité a même fini par se former, on a rédigé pour lui une requête devant le parquet.

Les semaines et les mois passent. Chaque fois qu'on ramène Prozorov des interrogatoires, il est de plus en plus amoché. Il n'avoue pas. Puis les interrogatoires prennent fin. Trois mois se sont écoulés. Et voilà que l'on fait sortir Prozorov « avec ses affaires ». Cela veut dire qu'il quitte définitivement la cellule. Mais où le conduit-on ?

— On va sûrement le libérer, assure un de ceux qui l'ont aidé à rédiger ses multiples requêtes.

Un détenu lui fait apprendre par cœur le numéro de téléphone de sa femme.

— Tu lui diras de m'envoyer le mois prochain non cinquante roubles, comme d'habitude, mais quarante-cinq. De cette façon, je saurai que tu l'as vue. Tu lui diras…

Et tout le monde vient serrer la main du veinard.

En 1939, deux ans plus tard, je me retrouve dans un convoi de prisonniers expédiés vers une destination inconnue – les détenus ne doivent jamais rien savoir de ce qui les attend. On nous fait descendre à Sverdlosk, ou plutôt à un kilomètre de la gare, pour éviter autant que possible des rencontres avec la population locale. On nous emmène sous bonne garde jusqu'à la prison de transit.

Après les formalités d'enregistrement, on nous sépare en plusieurs groupes. Le mien est enfermé dans une très grande cellule. Elle est pleine à craquer, plus de deux cents prisonniers. Ils sont couchés sur les bat-flanc, sur les tables, à même le sol, partout. Visiblement, ce sont des gens qui ont déjà plusieurs années de camp derrière eux. Je n'ai jamais rien vu de pareil. Une vraie cour des miracles !

Et soudain, j'entends : « Jacques ! »

Dans cette foule, il est difficile de trouver d'où vient la voix. Qui peut bien me connaître ici ? Je ne suis jamais venu à Sverdlovsk !

De sous un bat-flanc, je vois sortir un gros barbu qui s'approche avec un grand sourire. C'est Prozorov ! Nous nous retrouvons comme des frères.

Lui, il en a pris pour huit ans de camp de redressement par le travail pour espionnage au profit du Japon.

UNE COÏNCIDENCE

Une fois tous les dix jours, les prévenus ont le droit de coucher sur le papier leurs requêtes, leurs réclamations. Ils sont autorisés à les adresser à toutes les instances judiciaires, à celles de l'État et du Parti. Et, tous les dix jours, le gardien-chef nous pose la question rituelle : « Qui veut faire une requête ? » En silence, les intéressés lèvent la main, le gardien-chef les compte, note le nombre sur son carnet et, sans un mot, referme le guichet. Un peu plus tard, le guichet s'ouvre à nouveau.

— Voilà de quoi écrire ! dit le garde à voix basse (c'est le règlement).

Il nous tend un encrier rempli de l'incontournable encre violette, quelques porte-plume, et le nombre exact de feuilles demandées ou plutôt, pour être tout à fait précis, de « quarts de feuille ».

Sur ce bout de papier de la taille d'une carte postale, certains s'évertuent à exposer leurs griefs en caractères minuscules, trente ou quarante lignes de chaque côté. Presque tous évoquent l'absurdité des accusations portées contre eux et dénoncent les méthodes utilisées pour arracher les aveux.

Contrairement à ce que l'on pourrait croire, ces cris d'âme (et de corps) ne finissent pas à la poubelle. Dix ans plus tard, certains d'entre nous auront la surprise de découvrir que des extraits de leurs plaintes auront été utilisés pour fabriquer de nouvelles inculpations afin de prolonger leur peine arrivée à expiration.

Dès que le gardien voit par le judas que tous ont terminé, il reprend encrier et porte-plume. Mais pas les requêtes, ce n'est pas de son ressort. C'est l'officier de service qui vient les chercher le lendemain.

Il entre. Tout le monde est debout. Silence total. Cette fois, c'est un officier que nous n'avons jamais vu auparavant. Il a l'air sévère. Sans mot dire, il cueille les feuilles. Soudain, il dévisage l'un des prévenus et, manifestement agacé, demande :

— V-v-v-otre n-n-n-om ?

Le malheureux, livide, s'exécute :

— P-p-p-étrach-ch-ch-chen-kov !

L'officier, écarlate, crie au gardien-chef :

— D-d-d-dix jours de c-c-c-achot !

Le gardien-chef sait parfaitement que Pétrachenkov est bègue. Mais il reste de marbre. Pour ne pas contrarier son supérieur.

Nous nous mordons les lèvres, pris de fou rire.

Pétrachenkov reviendra du cachot au bout de dix jours, très amaigri.

LE BOURREAU

K.D. est d'origine balte. Ancien gradé de l'armée tsariste, il était membre d'une cellule bolchevique clandestine bien avant octobre 1917 et, par la suite, a fait partie de la première unité de la Tchéka[1]. Un peu plus tard, il a été affecté à la garde rapprochée de Lénine.

Nous sommes en 1937, à la prison de Boutyrka. K.D. est mon voisin de bat-flanc. Quand je dis « voisin », c'est une façon de parler : nous sommes plusieurs dizaines d'hommes à coucher, serrés les uns contre les autres, sur le bois nu d'une sorte de pont en planches fixé aux murs de la cellule. K.D. est un bon voisin : avec lui, pas de problème d'« envahissement du territoire ». Il est serviable. Quand il m'arrive d'être soumis à des interrogatoires « à la chaîne » (des nuits et des jours sans interruption), c'est lui qui prend soin de me garder mon écuelle de soupe.

Parfois, il me confie ses souvenirs sur Lénine. Il en

1. Cf. note sur le NKVD, p. 20.

parle avec tendresse et admiration. Je suis frappé de voir alors surgir un autre Lénine, bien différent de celui que je connais au travers de la propagande officielle. Ce n'est plus une icône bolchevique figée sous son vernis, mais plutôt un dieu de l'Olympe avec tous ses petits travers. La langue de K.D. non plus n'a rien d'officiel : il n'utilise pas de clichés, il dit toujours « le coup d'État d'octobre », alors que depuis des années déjà, c'est « la Grande Révolution prolétarienne d'octobre »…

Parmi ses récits, un surtout m'est resté en mémoire :

— Quand on escorte un homme que l'on est chargé d'abattre, il est important de s'assurer qu'il a les mains solidement attachées dans le dos. Nos gars se servent pour cela de fil de fer. Plus sûr que la ficelle. Puis, le revolver armé à la main, on fait passer l'homme devant soi et on le suit à deux pas derrière, en lui donnant des ordres : « À gauche ! », « À droite ! », « Descendre l'escalier ! », etc. Jusqu'à l'endroit où la femme de ménage a répandu de la sciure ou du sable. Là, on approche le revolver de sa nuque, mais sans le toucher, pour qu'il ne se rende compte de rien. Et on appuie sur la détente tout en lui flanquant un magistral coup de pied au cul…

— Pourquoi ce coup de pied ? ai-je demandé, surpris.

— Pour que le sang n'éclabousse pas ta tunique… tu te rends compte du boulot que ce serait pour ta femme, de laver ça tous les jours !

DORJI

Dorji ne parle que le kalmouk, la langue de son peuple. Il semble ignorer complètement – et il s'en porte très bien – la langue de l'envahisseur russe qui cherche à imposer son mode de vie aux Kalmouks, comme il leur a déjà imposé son alphabet cyrillique.

Dès l'instant du lever jusqu'à celui du coucher, c'est-à-dire de six heures à vingt-deux heures, Dorji ne cesse de murmurer ses prières en pliant les doigts. Au moment de son arrestation, les Russes lui ont enlevé le chapelet et le moulin à prières dont un bon bouddhiste ne peut se passer. Ils lui ont aussi enlevé ses pincettes. Et quand il ne prie pas, Dorji s'épile la barbe avec des ongles jaunes et durs. Pendant des heures, il fait les cinq pas de la porte de la cellule à la fenêtre, dans le couloir de soixante centimètres de large séparant nos deux couchettes vissées face à face, chacune à un mur. Parfois, il reste assis pour me permettre de faire à mon tour cette promenade de cinq pas. Ses lèvres n'arrêtent pas de marmonner des prières.

Chaque fois que je cherche à lui parler, en russe, car j'ignore le kalmouk, il semble ne rien comprendre. Son regard devient méfiant. C'est comme si un mur invisible se dressait à l'intérieur de notre cellule minuscule, en plus de ceux, bien réels, que le NKVD érige autour de moi depuis des années. Comment faire pour franchir cette nouvelle barrière ?

Avec la main, je dessine dans l'air les deux bosses d'un chameau asiatique et je dis : *temen*. Dans les yeux de Dorji, une étincelle s'allume. Puis je « monte à cheval », je « cravache », et je dis : *mori*. Je baisse la tête et, avec les doigts, je figure les cornes : *bouha*. Le masque inaltérable de Dorji s'éclaire d'un sourire chaleureux. Les quelques bribes de mongol qui me restent de l'époque où j'étudiais les langues orientales s'avèrent finalement utiles. Je sais que le mongol est proche du kalmouk. En tout cas, Dorji a compris.

À présent, au lieu d'un silence morne, ce sont des discussions animées. Très limitées, bien sûr, étant donné la pauvreté de mon vocabulaire mongol, langue qui doit quand même différer du kalmouk. Du coup, Dorji se met à mieux comprendre le russe, et même à le baragouiner assez passablement. J'apprends ainsi que son père a passé quelque temps au Tibet.

— Tu l'as entendu dire *O Ma ni pad mé hun* ?

Les yeux de Dorji brillent.

Alors, avec notre pain gluant, je modèle les caractères tibétains formant cette phrase que tout bouddhiste-lamaïste connaît par cœur (il nous est strictement interdit de posséder du papier et un crayon).

Dorji regarde. Il ne dit rien. Puis :

— Tu as vu le dalaï-lama ?

— Non.

Il reste rêveur. Je lui décris de mon mieux l'impressionnant palais de Potala.

Malgré tous ces handicaps, nos conversations deviennent de plus en plus confiantes. J'apprends pourquoi Dorji est ici.

Les steppes caspiennes, à l'est et à l'ouest de la Volga, étaient peuplées depuis des siècles par des éleveurs nomades kalmouks quand, au XVIe siècle, Ivan le Terrible avait conquis cette contrée sur la Horde d'Or. Pendant des générations, les Russes descendant la Volga ne se sont établis que le long du fleuve, ne gênant guère les Kalmouks. Mais sous les Soviets, colonisation et russification sont devenues plus pesantes. La collectivisation forcée imposée par Moscou au début des années trente a ruiné une économie florissante et bouleversé les traditions ancestrales. Pour renforcer leur emprise, les communistes russes ont créé ensuite une « République autonome » de Kalmoukie, dont le gouvernement ne se lassait pas d'applaudir à toutes les initiatives de Moscou. Quand Hitler attaqua la Russie, les Kalmouks ne savaient rien de lui, sinon qu'il était l'ennemi mortel de leur ennemi juré... Certains avaient alors rejoint les troupes allemandes. En 1943, lorsque les Russes reprirent le territoire, Moscou décida de liquider purement et simplement la république de Kalmoukie (cinq autres républiques connurent le même sort). Une nuit, la population tout entière, quelques centaines de milliers de personnes, fut embarquée et transportée à environ trois mille kilomètres au nord-est, en Sibérie et au Kazakhstan. La femme de Dorji s'était retrouvée au Kazakhstan avec leurs deux filles, et Dorji avait été emmené avec leur fils au bord de l'Iénisseï, à mille six cents kilomètres plus au nord. Ses démarches pour rejoindre sa famille étaient restées vaines, mais elles avaient attiré l'attention sur lui. Les autorités avaient découvert que, pendant l'occupation, Dorji avait été réquisitionné par les Allemands comme ouvrier.

Des années plus tard, en 1950, le voilà donc dans ma cellule, attendant d'être jugé.

Sur simple décision de la *troïka*[1], il sera condamné à vingt-cinq ans de travaux forcés pour collaboration avec l'ennemi.

O Ma ni pad mé hun.

1. Comité comprenant trois membres, organe de la police politique au niveau régional, habilité à prononcer des jugements extrajudiciaires en l'absence de l'intéressé. Les *troïkas* opérèrent de 1918 à 1953. Elles étaient présidées par le premier secrétaire du PC régional, assisté du chef de la police politique et du représentant du parquet. Les dossiers étaient établis par la police politique.

Les *troïkas spéciales*, ou *troïkas de mort*, étaient mandatées occasionnellement par la direction du Goulag dans les établissements pénitentiaires, afin d'y exécuter des opérations ponctuelles, comme la mise à mort de certaines catégories de prisonniers.

LE MAJOR TCHOUVACHOV,
PROTECTEUR DES SCIENCES

En 1956, vingt ans après un procès retentissant et une condamnation pour haute trahison suivie d'une exécution en bonne et due forme, le ministre N. sera réhabilité à titre posthume, sur ordre du noyau dirigeant du Parti qui estimera cette mesure utile, vu les nouvelles circonstances. Mais en 1937 ce même Parti estimait utile de faire régner une terreur massive, vu les circonstances de l'époque : c'était alors, à son avis, la méthode la plus sûre pour s'imposer. L'affaire du ministre N. n'avait été qu'un des innombrables procès truqués de cette époque, pudiquement baptisée depuis « période du culte de la personnalité ».

L'affaire du ministre N. avait entraîné une série d'autres procès, dont celui du professeur Iossif Markov qui fut condamné à mort et exécuté, comme il se devait. En russe, on appelle « queue » ce diabolique engrenage de condamnations déclenchées par la chute d'un personnage en vue. De fait, cela ressemble tout à fait à la queue d'une comète qui, d'abord dense et éclatante, pâlit et se déploie en éventail avant de disparaître. Plus éclatante était la comète, plus longue était la queue.

J'ai rencontré Boris Markov, le fils du professeur, en 1949, à la prison centrale d'Alexandrovsk [1], en Sibérie, douze ans après sa condamnation. Il en avait pris pour huit ans, en tant que « fils d'un ennemi du peuple ».

Le jour de l'expiration de sa peine, on le conduisit dans un bureau, et on lui lut sa nouvelle condamnation : vingt-cinq ans de travaux forcés. C'était l'époque de la Seconde Purge, celle des années 1947-1949, qui expédia au Goulag plusieurs nouveaux millions de prisonniers, y compris ceux qui, n'ayant écopé que de dix ans en 1937, venaient tout juste d'être libérés. Cette purge s'accompagnait d'un net durcissement du régime pénitentiaire. C'est ainsi qu'à la suite de divers transferts, nous nous sommes retrouvés entre les murs épais de la vieille prison d'Alexandrovsk, afin d'être soumis à un isolement plus sévère.

À son arrestation, Boris, âgé de dix-neuf ans, était étudiant en mathématiques. Il avait déjà publié quelques articles dans des revues scientifiques. Ivan Loukitch, un de nos compagnons de cellule, professeur de mathématiques dans le civil, s'en souvient parfaitement. Malgré ses douze ans de Goulag, Boris est toujours possédé par sa passion pour la science. Comment y parvient-il ? Car le Goulag est conçu pour trans-

1. Localité de Sibérie orientale, non loin d'Irkoutsk, où se trouve la prison centrale d'Alexandrovsk (*Alexandrovski tsentral*) datant du temps des tsars et devenue, après 1917, une prison du régime soviétique.

former le « matériel humain » en une masse docile, hébétée et malodorante, dans laquelle chacun ne vit que pour soi, ne rêvant que d'apaiser l'incessante torture de la faim, ne serait-ce qu'un instant, et de se soustraire autant que possible aux coups, aux mauvais traitements, au froid… C'est là l'une des tâches du Goulag : servir de laboratoire à des expériences socioculturelles et policières, en vue de créer le « parfait citoyen soviétique ». Un laboratoire gigantesque disposant de millions de cobayes humains, hommes, femmes et adolescents.

Boris est toujours plongé dans ses pensées. Il murmure des formules mathématiques. Parfois, il trace sur sa paume des signes invisibles (les détenus n'ont droit ni au crayon, ni au papier). Son comportement insolite inquiète certains de nos camarades. N'aurait-il pas perdu la raison ? D'autres sont mal à l'aise. Ils savent bien que « la non-dénonciation d'un comportement suspect » fait de tout témoin un complice… Nous sommes trente-deux dans la cellule, chacun condamné à une peine de quinze à vingt-cinq ans. Et dans la plupart des cas, pour des raisons bien plus dérisoires.

Un jour, Boris mélange un peu de poudre dentifrice avec de l'eau, ce qui donne une sorte d'encre blanche. Une allumette lui sert de plume, un tabouret fait office de tableau noir. En un rien de temps, il le couvre de formules mathématiques compliquées que personne ne comprend.

— Arrête ! lui souffle une voix bien intentionnée. Tu risques une nouvelle condamnation pour agissements antisoviétiques.

— C'est vrai, renchérit un autre. Comment pourras-tu prouver que ce n'est pas un message codé subversif ?

Et voilà que le gardien-chef Zaïtsev surgit comme par enchantement. D'un ton sec, il demande à Boris ses nom, prénom, date de naissance, l'article du Code pénal selon lequel il a été condamné et la durée de sa peine. Zaïtsev est le seul, parmi tous les matons, à savoir ouvrir la porte sans le moindre grincement. C'est aussi le plus vache, le plus zélé de tous. Dans un silence de mort, Boris répond aux questions de Zaïtsev. Celui-ci, très calme, note les réponses sur son calepin et, prenant le tabouret comme pièce à conviction, s'en va.

— Mon pauvre Boris ! Espérons qu'ils auront assez de bon sens pour ne pas t'accuser d'un complot antisoviétique ! fait Loukitch. Tu auras de la chance si tu t'en tires avec vingt jours de mitard !

— Tu ne pourras pas dire qu'on ne t'avait pas prévenu ! ajoute un autre, hargneux.

Le lendemain, après la distribution de soupe de midi, le guichet s'ouvre. Silence de mort.

— La lettre M ? murmure le gardien.

— Mikhaïlov ! répond, angoissé, un des détenus.

— Et encore ?

— Markov ! dit tranquillement Boris.

— Prénom, date de naissance, article du Code, durée de la peine ?

Les données correspondent avec celles qu'il a sur sa fiche.

— Ramassez vos affaires !

Boris disparaît avec son baluchon. Quelques-uns collent leur oreille à la porte.

— Pas de doute, on le conduit au cachot ! déclare Sergueï. Je l'ai entendu poser son gobelet et sa gamelle par terre.

— Le pauvre !

— Il l'a bien cherché !

La discussion dure jusqu'à la distribution de la lavasse du soir.

On ramène Boris du mitard au bout de trois jours. De mémoire de *zek* [1], on n'a jamais vu une chose pareille. Le mitard, c'est toujours pour dix jours. Cinq, dans les cas exceptionnels. Mais trois !

— Messieurs ! s'écrie le vieux Loukitch. Le major Tchouvachov est le protecteur des sciences le plus généreux qui ait jamais existé ! (Tchouvachov est l'officier de sécurité qui a fixé la punition d'après le rapport de Zaïtsev.) Alors que les princes de la Renaissance ne faisaient que délier les cordons de leur bourse, lui, il a pris le risque d'être soupçonné d'indulgence envers un ennemi du peuple héréditaire, puisque Markov est le fils d'un fusillé !

— S'il est si généreux, il n'avait qu'à flanquer le rapport de Zaïtsev à la poubelle tout de suite ! objecte Heinz Müller, un ancien des Brigades internationales d'Espagne.

1. Ce terme argotique désignant le détenu remonte au début des années trente, à l'époque où des centaines de milliers de prisonniers avaient été rassemblés pour creuser le canal de la mer Blanche à la mer Baltique. L'administration les affublait du titre de « détenu soldat du canal », en russe : *Zakliouchenny Kanaloarmeets*, z/k, puis *zek*.

— Ah, ces intellectuels occidentaux, ils sont incorrigibles ! s'écrie le vieux Loukitch. Ils ne comprendront jamais ce qu'est le socialisme réel. Si le major n'avait donné aucune suite au rapport de Zaïtsev, ce dernier l'aurait certainement dénoncé…

LA REQUÊTE

Le règlement intérieur affiché dans chaque cellule de chaque prison soviétique stipule en toutes lettres que tout détenu a le droit de formuler des requêtes ou de faire des réclamations auprès des autorités judiciaires, de l'État ou du Parti de l'Union soviétique.

Condamné en 1937 pour un « délit contre-révolutionnaire » qu'il n'a jamais commis, Kazakov est devenu aveugle à la suite d'un accident de travail survenu dans les camps. Le hasard des transferts nous a réunis dans la même cellule de la prison centrale d'Alexandrovsk. Plongé dans le noir, Kazakov vivote dans son coin. Il ne parle guère. Même avec Kétov, son voisin de bat-flanc, qui lui sert de guide.

Un jour, il a été pris de colite. Accroché au bras de Kétov, il a été conduit par un gardien chez le médecin de l'établissement. C'était un jeune docteur affecté d'office au service pénitentiaire à la fin de ses études. Il s'occupa consciencieusement de la colite de Kazakov, puis en novice ignorant des us et pratiques carcéraux, s'intéressa à sa cécité. Il l'examina et, preuve qu'il n'était pas encore initié aux arcanes de la bureaucratie pénitentiaire, lui déclara qu'une intervention chirurgicale pourrait lui rendre la vue… Bien entendu, une telle opération ne serait possible que dans un établissement spécialisé… Mais il ignorait si ce genre d'hôpital existait dans le système du Goulag. Il était évidemment hors de question de soigner un détenu malade dans un hôpital civil. Tout le monde sait qu'au temps des tsars, c'était justement à l'occasion de ce genre de transfert que l'on faisait parfois évader les prisonniers politiques. « Vous devriez rédiger une requête », avait conseillé le sympathique médecin avant de congédier Kazakov.

Des requêtes, Kazakov en dicta un nombre impressionnant. Il recevait généralement une réponse au bout de quelques mois. Une réponse hors de propos, ou bien on lui expliquait qu'il s'était trompé d'adresse. Finalement, les sages de la cellule lui conseillèrent d'écrire à Staline. On savait bien que la requête n'arriverait jamais jusqu'à son auguste et terrible destinataire, mais en voyant ce nom, peut-être un bureaucrate serait-il tenté de se pencher sur le problème de Kazakov.

Sitôt dit, sitôt fait. Nos sages s'attelèrent à la tâche : il y avait un professeur de marxisme-léninisme, un ex-commissaire politique de l'Armée rouge, un rabbin, un ancien P-DG, un ex-diplomate et quelques grosses têtes non titrées. Une fois le projet approuvé par Kazakov, la requête fut calligraphiée, signée, et expédiée par la voie officielle.

Ensuite, pendant des mois, l'éventuelle réponse constitua notre principal sujet de conversation. Évidemment, au bout d'un an, on en parlait moins…

Et voilà que, soudain, le guichet de notre porte s'ouvre, et le gardien ordonne à voix basse, ainsi que le règlement l'exige :

— Kazakov, préparez-vous à sortir.

Toute la chambrée est électrisée. Pas de doute, il doit s'agir de la réponse ! On allait en donner lecture à Kazakov, puis on le ferait signer au dos.

On le ramène dans la cellule une demi-heure plus tard, accroché au bras de Kétov. Tout le monde retient son souffle. Dès que le gardien a refermé la porte, Kétov nous récite la réponse de mémoire :

« Au directeur du pénitencier d'Alexandrovsk, le camarade lieutenant-colonel Solomine. Veuillez informer le détenu Kazakov, condamné pour crime contre-révolutionnaire par… le… que sa requête du… adressée au camarade Staline, Secrétaire général du Comité central du Parti communiste d'Union soviétique et Président du Conseil des ministres de l'Union des Républiques socialistes soviétiques, a été transmise au Procureur général de l'Union des Républiques socialistes soviétiques et que, après examen approfondi, aucune suite n'a été donnée à ladite requête, étant donné l'absence de tout fondement pouvant justifier la révision du verdict prononcé dans son affaire par… le… Pour copie conforme. Lieutenant-colonel de justice Pétrenko… »

LA FOI DU STALINIEN

Grigori Dmitriévitch, ancien docker d'Odessa et bolchevik dès 1917, croyait en Lénine et en Staline comme sa défunte mère avait cru en Dieu.

Il avait fait une brillante carrière. En 1937, il était chef du département politique de la Direction régionale des chemins de fer d'État. Puis, comme tant d'autres, il a été happé par la Grande Purge. Ses commissaires-interrogateurs ont eu de la peine à lui arracher les aveux qu'exigeaient leurs supérieurs afin de le condamner en tant qu'« ennemi du peuple », c'est-à-dire de Staline. Alors que toute sa vie il n'avait fait qu'obéir à ce même Staline sans jamais se poser de questions. Grigori Dmitriévitch a invoqué sa fidélité au Parti. Il est coriace. Il a résisté. Il a fallu deux ans, plusieurs dents cassées et quelques côtes fracturées pour qu'il soit dûment condamné à quinze ans de travaux forcés pour crime contre-révolutionnaire. Les juges sont restés sourds à ses protestations d'innocence. Ils avaient pourtant vidé bien des bouteilles ensemble. Ils avaient habité le même quartier réservé à la *nomenklatura*, leurs femmes s'approvisionnaient dans les mêmes magasins destinés à l'élite.

Le voilà dans un wagon à bestiaux. De chaque côté, fixés aux parois, des bat-flanc en bois superposés. Dans le plancher, un petit trou fait office de latrines. Ils sont une soixantaine. Comme lui, tous sont condamnés pour des « crimes contre-révolutionnaires » qu'ils n'ont jamais commis. Les peines sont de dix, quinze ou vingt ans. Personne n'en a pris pour quatorze, dix-sept ou dix-neuf ans. On préfère les chiffres ronds. Plus tard, Grigori apprendra qu'il en allait de même dans les cinquante-quatre autres wagons de ce convoi d'environ trois mille cinq cents prisonniers. Presque tous étaient de bons communistes, comme lui.

Après des heures d'attente, le train se met en marche. Vers quelle destination ? Tout en haut, sous le plafond du wagon, il y a une lucarne. Un jeune grimpe. Puis un autre le relaie. On finit par comprendre que le train se dirige vers l'est. Les heures passent. La lucarne s'assombrit, puis disparaît. La nuit est tombée. On est dans le noir complet. Le train s'arrête. Rien ne se passe. Puis le train démarre. Il fait froid. Une faible lueur détache du noir ambiant le rectangle de la lucarne. Le jour se lève. On s'arrête. On démarre à nouveau. Les heures s'écoulent.

Tout le monde a déjà mangé les sept cents grammes de pain noir et les deux harengs salés distribués avant le départ. On s'arrête encore. Longtemps. On entend dehors des pas précipités. Puis c'est le bruit des portes que l'on fait coulisser. Cela vient de loin. On comprend que tous les wagons sont ouverts puis refermés, l'un après l'autre. Maintenant, c'est le wagon voisin. Et enfin c'est le tour de celui de Grigori. Bruit de verrous. La porte grince. Et soudain, un carré de jour aveugle les occupants. Leurs yeux s'adaptent à la lumière et, par la porte ouverte, ils voient une plaine. Elle est déserte. Au premier plan, plusieurs soldats d'escorte pointent leurs fusils sur les détenus. Deux hommes, sans armes, ceux-là, montent. L'un d'eux tient un maillet à la main. Il donne aux détenus l'ordre de se regrouper d'un côté du wagon. À grands coups de maillet, il s'assure de la solidité des parois, du sol, du plafond. Ensuite il crie à son camarade : « Vas-y ! » Celui-ci fait passer les prisonniers, un par un, dans la partie qui vient d'être « auscultée ». Tout en les comptant à voix haute, l'homme au maillet leur donne à chacun un coup dans le dos. Puis il vérifie l'autre partie du wagon. Ensuite, c'est la distribution des rations : toujours les deux harengs salés et les sept cents grammes de pain noir. On referme la porte. Le noir s'installe de nouveau. Et c'est le tour du wagon suivant…

Le voyage dure dix-sept jours. Le convoi s'arrête à Soutchane, base du complexe des camps de Kolyma [1]. Douze mille kilomètres ont été parcourus. Chacun a

1. Territoire de Sibérie orientale, d'une superficie bien supérieure à la France, il doit son nom au fleuve Kolyma, long de 2600 km, qui se jette dans l'océan Glacial Arctique. Entre 1932 et 1956, cette région désertique constituait un vaste complexe de camps. Le climat y est particulièrement rude, les températures descendent jusqu'à –55 °C. Les détenus (plusieurs centaines de milliers par an) y étaient amenés par mer, par la propre flottille du camp de Kolyma. Ces camps ont été, entre autres, décrits par V. Chalamov.

eu droit à vingt-huit harengs salés et à onze kilos neuf cents de pain noir.

Grigori Dmitriévitch va passer de longues années à Kolyma, dans des conditions très éprouvantes, affecté aux travaux de force les plus durs. À aucun moment il ne doutera de la sagesse du grand Staline. Mais il ne comprend pas. Il lui a écrit. De toute évidence, aucune de ses lettres – il en a rédigé plusieurs douzaines – n'est jamais arrivée entre les mains de Staline, ni même de son secrétaire.

Quand je l'ai rencontré en 1953 à la prison centrale d'Alexandrovsk, en Sibérie orientale, il était devenu invalide à la suite de nombreux accidents de travail. Il pouvait à peine marcher. Il ne lui restait que trois dents. Et sa foi.

— Quand je me suis retrouvé dans ce wagon à bestiaux, me confia-t-il un jour, j'ai cru que le Parti avait décidé d'envoyer en Extrême-Orient des militants à toute épreuve, afin de déjouer un complot monté par les impérialistes japonais et dont nos organes avaient eu vent. Pour duper les services japonais, le Parti avait décidé, dans sa sagesse, de nous acheminer là-bas en nous faisant passer pour un banal convoi de prisonniers et, afin de rendre les choses encore plus crédibles, il nous faisait subir les épreuves réservées aux véritables ennemis du peuple…

POPAUL

Voilà déjà trois jours que nous roulons sans rien savoir de notre destination. Comme d'habitude. Nous sommes entassés dans un wagon « stolypine », ainsi nommé d'après le ministre de l'Intérieur du dernier tsar. C'est lui qui a eu la bonne idée d'adapter les wagons russes au transport des prisonniers : les fenêtres des voitures ont été munies de barreaux, et les cloisons séparant les compartiments du couloir remplacées par des grilles avec des portes coulissantes, elles aussi grillagées. Deux couchettes superposées assuraient le confort de quatre prisonniers. Le régime soviétique a adopté cette utile innovation, mais en dépassant les normes de ses prédécesseurs : ce n'est plus quatre personnes que l'on enferme désormais dans chaque compartiment, mais une trentaine. Les couchettes inférieures et supérieures sont réunies par des planches, ou plutôt des panneaux en bois sur lesquels on fait coucher cinq détenus. Et l'on a encore installé deux autres niveaux : un à la hauteur des filets à bagages, et un autre juste sous le plafond. En comptant les prisonniers allongés à même le sol, on arrive à faire tenir ainsi jusqu'à trente personnes. Nous, nous sommes vingt-neuf, couchés la tête contre la grille afin que les gardiens qui déambulent jour et nuit dans le couloir puissent voir vos visages.

Il est encore très tôt. Le jour se lève à peine. Nous sommes arrêtés depuis plus d'une heure, mais pour une fois, nous ne sommes pas en rase campagne. Une isba tout de guingois fait office de gare. Un gigantesque Lénine en plâtre se dresse tout seul dans ce désert, montrant de sa dextre infatigable l'unique voie vers l'avenir radieux. L'étoffe rouge des slogans flotte doucement dans la brise matinale.

Mon voisin Popaul, un vieux cambrioleur, sort sa tête de sous la veste qui lui sert de couverture. Entre ses paupières encore bouffies de sommeil brille un regard perçant auquel rien n'échappe. Ses yeux se posent sur les slogans qui nous promettent le paradis sur terre, une fois atteint le communisme vers lequel le Parti nous guide d'une main sûre. Et il me souffle à l'oreille :

— Moi, j'ai pas besoin qu'on m'explique ce que je dois faire pour trouver mon bonheur. Suffit qu'on me signale qu'y a quelque part une bicoque avec un magot à rafler… Même si c'est loin, je trouverai tout seul, sans publicité !

FAITES VOS PAQUETS !

Depuis plusieurs jours, nous sommes en route vers une destination inconnue, en Sibérie. Nous sommes vingt-six dans notre compartiment de « stolypine ». Le train s'arrête à la gare d'Omsk. L'escorte armée nous fait descendre et nous ordonne de nous accroupir sur le quai en rangs par cinq, les mains sur la nuque. Deux gardiens, très sérieux, nous comptent, se trompent, recomptent, se trompent encore et recommencent. Finalement, ils nous ordonnent de nous relever et nous escortent vers un fourgon cellulaire, à quelque cinquante mètres de là. Une fois la porte refermée, nous sommes dans le noir complet. Après un parcours cahoteux d'une demi-heure, le fourgon s'arrête. On entend des voix. Puis c'est le silence. Une bonne heure s'écoule.

— Allons-y !

Le fourgon repart, ralentit, s'arrête. Des pas, des voix. Rien ne se passe. Enfin, la porte s'ouvre. Le jour nous aveugle. Nous sommes dans la cour d'une prison, entourés de gardes. On nous fait entrer dans une salle où nous sommes minutieusement fouillés. Ensuite, ce sera les douches, puis de nouveau une longue attente, avant d'être conduits dans les cellules. Dans quelques jours ou quelques semaines, on nous fera reprendre la route. C'est ainsi que les choses se sont passées jusqu'à présent.

Pour l'instant, certains d'entre nous sont enfermés dans un cagibi provisoire. Enfin, pas vraiment enfermés, car il s'agit d'un réduit gagné sur la largeur d'un couloir, dont la cloison en contre-plaqué n'atteint pas le plafond. La porte, également en contre-plaqué, est munie d'un simple crochet extérieur. Dans une prison, cela ne fait pas très sérieux ! Dès que les pas du gardien se sont éloignés, un délinquant de douze ans à peine, enfermé avec nous, escalade la cloison avec l'agilité d'un singe et une fois de l'autre côté, ouvre la porte.

— Faites vos paquets ! s'écrie-t-il, radieux. Tout le monde est libéré !

Il faut voir la consternation de tous ces « ennemis du peuple » que le petit Vassia vient d'amnistier ! Ils sont pris de panique. Citoyens loyaux, ils ont tous été condamnés à des peines allant de huit à vingt ans, pour des crimes qu'ils n'ont jamais commis. Et voilà que tout à coup, grâce au petit Vassia, ils sont sur le point de violer les règlements de l'institution soviétique qui les a condamnés – injustement, il est vrai. Parmi eux, il y a un ex-général et deux ex-colonels de l'Armée rouge condamnés pour haute trahison ; un ex-diplomate soviétique, un philatéliste et un espérantiste condamnés, eux, pour espionnage (puisqu'ils ont été en relation avec des étrangers) ; deux ingénieurs et un professeur d'université, condamnés pour sabotage ; l'ex-premier violon de l'opéra de Moscou et trois étudiants, des terroristes (la plupart des attentats commis contre le tsar n'étaient-ils pas le fait d'étudiants ?). Et voilà tous ces « dangereux » ennemis du peuple qui implorent le petit Vassia de bien vouloir refermer au plus vite la porte, avant que les gardiens ne découvrent leur infraction – involontaire, certes, mais bien réelle et par-dessus le marché, collective !

Vassia, bon enfant, finit par enfermer de nouveau dans leur cagibi ces drôles de grandes personnes qui ne veulent pas de la liberté qu'il leur offrait si généreusement…

LES PAYSANS

« Taillée à coups de serpe »... On ne saurait dire autrement. C'est très exactement l'impression que donne sa tête. Il a peut-être soixante-quinze ou quatre-vingts ans. Robuste. Tondu, comme nous tous. Sa tête blanche tremblote. Ses doigts sont gros, calleux, l'index et le pouce jaunis par le tabac. Ses yeux d'un bleu délavé semblent regarder ailleurs, très loin.

Nous sommes en 1940, dans l'un des innombrables camps de travaux forcés de l'énorme empire du Goulag. Lui, Nikanor, en est à sa neuvième année. Moi, ce n'est que ma troisième. Jeune communiste français, je commence à peine à me libérer des illusions marxistes et léninistes sous l'impact des réalités soviétiques que le Goulag étale sous mes yeux et, surtout, sous le choc des milliers de biographies de mes codétenus, issus de toutes les couches de la société soviétique. Quant à Nikanor, c'est un vieux paysan russe né de parents serfs, témoin des révolutions de 1905 et de février 1917, ainsi que du coup d'État d'octobre 1917 ; lui, il n'a jamais eu d'illusions. Je l'écoute. Il parle très bas, d'une voix monocorde, sans emphase. Il ne fait que relater une longue série de faits. Un constat, quoi. Cela fait un bon moment que je l'écoute, sidéré.

— Le premier est mort deux ou trois heures après sa naissance, continue-t-il, l'autre a tenu jusqu'au lendemain matin.

Nikanor parle de jumeaux nés en 1931 dans un wagon à bestiaux. C'étaient ses arrière-petits-fils. Le wagon, lui, faisait partie d'un long convoi qui emportait vers une destination inconnue quelques centaines de familles, des paysans reconnus « koulaks ». Chacune de ces familles avait dû partir au complet, depuis les nourrissons jusqu'aux grands-parents grabataires. Y compris les femmes enceintes. Des soldats en armes avaient encerclé le village et le commissaire avait ordonné aux paysans de ramasser ce qu'ils pouvaient porter. Tout ce qui restait – terres, bâtiments, bétail, mobilier, vêtements, ustensiles, etc. – était devenu propriété du kolkhoze. Sans indemnisation.

Le récit de Nikanor, qu'il poursuit toujours sur le ton d'un chroniqueur impassible, me donne la nausée. Tout à coup, des souvenirs remontent à la surface… C'était bien avant le début de ma carrière de prisonnier du Goulag. Clandestin du Komintern, j'accomplissais une mission quelque part en Europe occidentale. La presse locale avait publié un article à sensation sur la collectivisation en Russie. Et voilà que j'entends exactement la même chose dans la bouche du vieux Nikanor ! Sur le coup, je me demande même s'il n'a pas lu ces journaux ! À l'époque, bien sûr, j'avais écarté avec indignation cette « calomnie abjecte à l'encontre de la première nation ouvrière et paysanne du monde ». Je me souviens que même des braves bourgeois, à l'époque, n'arrivaient pas à y croire. Pas plus, disons-le en passant, que l'opinion publique mondiale ne croirait, en 1943, aux premières informations sur les fours crématoires nazis.

Ainsi, j'ai donc collaboré à tout ceci ? C'est une chose douloureuse à admettre. J'en ai encore honte aujourd'hui.

UN PAS À GAUCHE, UN PAS À DROITE...

Ils ont fait un pas à gauche. Trois, peut-être. Et ce furent les derniers pas de leur vie.

En nous prenant en charge au portail du camp pour nous conduire au chantier, le chef d'escorte a prononcé la sempiternelle formule réglementaire : « Un pas à gauche ou un pas à droite sera considéré comme une tentative d'évasion, et l'escorte tirera sans sommation. Compris ? » Et nous, conformément au règlement : « Compris ! » Nous avons déjà entendu cet avertissement des milliers de fois, et la réponse, clamée en chœur, est devenue tellement automatique, comme un « amen ! », que depuis des générations on appelle cela « la prière ».

On nous a ordonné de nous mettre en marche par rangs de cinq, encadrés par les soldats d'escorte qui braquent leurs armes sur nous. Un maître-chien avec un berger allemand ferme le cortège.

Notre chemin passe à côté d'une pile de sacs de farine. On les a récupérés sur une péniche échouée, puis renflouée. Par des trous dans la toile, on voit de la farine avariée grisâtre, avec des grumeaux comme des cailloux. Deux jeunes ne résistent à la tentation. Ils bondissent vers les sacs. Immédiatement, un coup de feu claque. Un seul. Les deux garçons tombent. L'un d'eux se tortille un bon moment, puis s'immobilise. L'autre gémit, agité de soubresauts. La colonne ne s'arrête pas. « Ne vous retournez pas ! » hurlent les hommes d'escorte. Mais quelques détenus, plus hardis, regardent longtemps le blessé se tordre.

Au retour du chantier, douze heures plus tard, les deux garçons sont toujours à la même place. L'un d'eux gît dans une posture bizarre, au milieu d'une flaque de sang. L'autre semble dormir. D'après le règlement, personne ne peut leur porter secours avant l'arrivée de l'officier de sécurité. Or celui-ci est absent, et son adjoint n'a pas dessoûlé depuis la veille.

Par la suite, nous apprendrons que la balle a traversé la colonne vertébrale du premier avant d'aller se loger dans la tête de l'autre. Le tireur, c'est l'usage, aura droit à huit jours de congé payé supplémentaires. Après une enquête rapide et purement formelle.

STALINE FAIT MIEUX QUE CUVIER

Un fracas terrible, tout se met à tournoyer… Est-ce la fin du monde ? Non, c'est seulement le bruit des verrous qui me tire des profondeurs du sommeil, ce bonheur suprême du prisonnier. La lumière crue de l'ampoule qui ne s'éteint jamais, même la nuit, me déchire les paupières et m'écrase les pupilles. Tout à fait réveillé, j'entends la clé tourner dans la serrure. Puis c'est le grincement de la porte qui s'entrouvre juste assez pour laisser entrer quelqu'un, et se referme immédiatement. La clé tourne de nouveau, on pousse les deux verrous, on remet la barre transversale, le gros cadenas…

Bien avant la fin de cette longue manœuvre, les yeux de fouine du nouveau venu ont déjà scruté le monde exigu où l'on vient de l'enfermer. Il est petit, trapu, il a l'air affamé. Quelque chose en lui fait penser à une hyène. Quelque chose d'étrange, d'angoissant. Est-ce vraiment un être humain ? Il ressemble comme deux gouttes d'eau aux hominidés des planches d'histoire naturelle affichées aux murs du collège que j'ai fréquenté dans une autre vie. C'est la première fois, en dix ans de Goulag, que je me retrouve face à un homme de Neandertal. J'en ai froid dans le dos.

Sans un mot, le Neandertal s'assied sur la couchette inférieure. Moi, j'occupe celle du haut. Ces bat-flanc superposés sont larges de soixante centimètres et longs de trois mètres soixante-dix – deux hommes y dorment bout à bout. Ils occupent presque la moitié de la cellule, qui fait un mètre vingt sur quatre mètres. Dans le coin près de la porte, une tinette poisseuse et nauséabonde.

Le Neandertal se tait toujours. En le regardant, une idée me traverse l'esprit : Cuvier est devenu mondialement célèbre pour avoir su reconstituer un animal antédiluvien à partir d'un seul os. Le génial Staline a su, lui, créer des conditions telles que d'authentiques hommes de Neandertal réapparaissent en chair et en os en plein XXe siècle, avec toute leur mentalité ! Cette passionnante découverte ne m'empêche pas de tomber de sommeil. Mais je n'ai pas le temps de me rendormir. De nouveau, le fracas des verrous, de la barre de fer, du cadenas, de la clé… Voici un autre spécimen, beaucoup plus grand que le premier. Il rejoint l'autre. Ils se mettent à chuchoter. Je tends l'oreille. Mais voilà que les grincements recommencent à la porte. On fait entrer un troisième individu qui va s'asseoir auprès des deux autres. Nouvelles messes basses. Une main me tire par la jambe.

— Eh, le cave, tu vas t'installer en bas !

Je m'exécute en bougonnant. Le premier Neandertal et son grand camarade grimpent sur le bat-flanc du haut, le troisième reste en bas, couché la tête contre le mur opposé à la porte. J'ai le choix entre avoir la tête à ses pieds, ou bien près de la tinette. Furieux, mais impuissant, je cherche quand même à m'endormir. Des années de Goulag m'ont appris à ne pas m'attaquer à un adversaire de toute évidence plus fort que moi. Comme dit le vieux dicton russe : « Ne fais pas de procès à plus riche que toi, et ne cherche pas la bagarre avec plus fort que toi. »

J'entends les deux compères dévorer mes réserves de pain sec. Je m'assoupis à peine quand la porte s'ouvre une nouvelle fois. Le maton me fait sortir et me remet entre les mains du « traîneur », le gardien chargé d'escorter les prisonniers à l'intérieur de l'établissement. En fait, il ne les « traîne » pas, il les fait marcher devant lui et en leur donnant des ordres : « À droite ! », « À gauche ! », « Avancez ! », etc. Il me fait emprunter plusieurs couloirs, monter des escaliers. Je le connais bien, ce parcours. Tout comme la porte capitonnée devant laquelle il m'ordonne de m'arrêter.

— Halte ! Face au mur !

Il frappe, attend la réponse et annonce :

— Le prévenu est à votre disposition, camarade capitaine !

Le commissaire-interrogateur Arséniev, assis à son bureau, signe la fiche que lui présente le traîneur. Avant, il a consulté sa montre, car il doit indiquer l'heure exacte. La fumée de la cigarette fichée au coin de sa bouche le fait cligner de l'œil gauche. Le traîneur reprend sa fiche, salue et sort. Le commissaire se renverse dans son fauteuil, tire sur sa cigarette et contemple les volutes de fumée. Puis il s'aperçoit de ma présence. D'un ton sec, il m'invite à m'asseoir. Non, pas devant son bureau. Le siège qui m'est destiné, c'est le tabouret en bois vissé au sol dans le coin le plus reculé de la pièce. Le règlement exige que le prévenu se tienne très droit, les cuisses serrées et les mains sur les genoux.

Pendant quelques instants, il reste silencieux, le menton dans la paume de sa main droite, les yeux dans le vague. Au bout d'un moment, ses doigts se desserrent, et la cigarette lui échappe. Je l'entends tomber sur le sol. Comme s'il se réveillait en sursaut, il me dit :

— Ça a dû être dur pour vous de rester tout seul dans une cellule pendant onze mois ! Maintenant, vous avez de la compagnie !

Il y a une note de sympathie dans sa voix. Une pause. Puis, impassible, il commence à me faire un exposé sur les us et coutumes des cannibales. Non, il ne parle pas d'une lointaine peuplade vivant au fin fond de la Sibérie, mais de mes nouveaux compagnons. Il se trouve qu'ils ont mangé de la chair humaine. Lors d'une récente évasion, alors qu'ils manquaient de provisions, ils ont abattu le quatrième de leur bande et l'ont mangé.

J'ai déjà entendu parler de ce genre de choses, bien sûr. Mais j'avais toujours eu de la peine à y croire. N'étaient-ce pas des affabulations ? Et voilà un représentant on ne peut plus officiel du pouvoir qui m'expose doctement ce phénomène avec force détails. Ce qui me frappe surtout, ce n'est pas tant la monstruosité des faits que son ton flegmatique, un peu blasé. On dirait un voyageur relatant ses impressions sur des pays exotiques. Je songe soudain à un vieux gentleman anglais que j'ai connu dans mon enfance, vers la fin de la Première Guerre mondiale. Il passait ses vacances dans une villa voisine de la nôtre. Il venait souvent prendre le thé chez nous et nous racontait volontiers ses aventures africaines. Dans sa jeunesse, au XIXe siècle, il avait été explorateur. Toute la maisonnée était fascinée par ses récits insolites. Je n'avais que six ou sept ans à l'époque, mais je me souviens de ma terreur en écoutant l'histoire de sa rencontre avec une tribu de cannibales. Et j'entends encore le ton blasé et amusé de ce vieux colonial parlant des « *colored men* », de ces « sauvages » qu'il considérait comme une race inférieure. Le Soviétique Arséniev, lui, parle de ses compatriotes, de ses concitoyens.

Après cet exposé détaillé sur les mangeurs d'hommes, il passe aux choses sérieuses. Du fond de mon camp, situé sur les bords de l'océan Glacial Arctique, j'aurais trouvé le moyen d'envoyer des informations secrètes aux gouvernements français, britannique et américain. Qui sont mes complices ?

C'est dur. Très dur. Et très long. Enfin, on frappe à la porte : c'est le traîneur. Quel soulagement ! C'est fini, du moins pour cette fois. Le commissaire, après avoir consulté sa montre, signe la fiche que lui tend le traîneur. Celui-ci m'ordonne d'un ton sec :

— Les mains dans le dos ! Avancez !

Il m'emboîte le pas.

— À gauche ! À droite !

Comme d'habitude. On arrive dans le quartier des prévenus. La distribution de pain vient de commencer. Il est donc plus de six heures du matin. Le règlement interdit aux détenus de s'allonger durant la journée, jusqu'à vingt-deux heures. Sinon, c'est le cachot. Même chose si l'on est surpris assis, les yeux fermés. Il y en a qui savent dormir assis. Je tiens à peine sur mes jambes.

— Dis donc, tu n'as pas dû t'amuser ! me dit le plus grand de mes nouveaux compagnons dès que la porte s'est refermée.

Je ne réponds pas. J'ai soif. Heureusement, il reste de l'eau dans la gamelle. Je bois.

— Tiens, tu as encore du sucre, prends-le ! Ça va te retaper.

Pour des raisons que j'ignorerai toujours, mes trois compagnons n'ont pas englouti tout mon sucre. J'accepte cette offre généreuse sans chercher à comprendre. Le grand continue :

— Tu sais, avant de nous transférer ici, le gardien-chef nous a promis cinquante grammes de tabac si nous acceptions de casser la gueule à un récalcitrant que les gardiens n'arrivent pas à mater… Tu parles !

Les trois hommes ne manifestent aucune agressivité à mon égard. Une ou deux heures plus tard, on vient les chercher.

Ils n'auront pas leur tabac. Ils y ont généreusement renoncé. De leur plein gré.

RACCOURCIS

À Norilsk, l'escorte qui nous conduit chaque matin au travail nous fait traverser une voie ferrée. Le long des rails, on voit souvent des caisses, des sacs, des équipements divers, qui attendent que leurs destinataires viennent les chercher.

Parfois, ce sont des rangées de sacs bien alignés. De ces sacs qui, remplis de paille ou de copeaux, servent de matelas aux prisonniers. Mais aujourd'hui, ils sont bizarres : plus courts que d'habitude, avec un nœud au bout, ils contiennent visiblement autre chose que de la paille. En bas, on devine un objet sphérique, on dirait une pastèque. Notre colonne passe, indifférente.

Je m'adresse à l'homme qui marche à côté de moi.

— Que peuvent bien contenir ces sacs ?

Mon ignorance semble le surprendre et même éveiller ses soupçons. Ce qui m'étonne à mon tour. J'apprendrai plus tard que, de même qu'il existait des « non-personnes » dans le monde d'Orwell, il y a dans l'empire du socialisme des « non-faits », des « non-événements », des « non-phénomènes ». Autrement dit, des choses que tout le monde sait, mais que l'on doit feindre d'ignorer. Toute question à ce propos est perçue comme un piège.

L'homme me dévisage, puis, rassuré, me confie :

— Ce sont des « souvenirs de Kalargon ».

Je ne comprends pas.

— Eh bien, ces sacs scellés contiennent des corps décapités. Ce qui ressemble à des pastèques, ce sont les têtes.

— Mais c'est quoi, ce Kalargon où l'on tranche les têtes ?

— C'est la section punitive où l'on déporte les truands, les durs de durs. Selon leurs traditions, ils règlent leurs comptes entre eux en coupant la tête à leurs offenseurs. Or, avant d'enterrer un détenu, le règlement exige qu'il soit dûment identifié et qu'on attache à son orteil gauche une plaquette portant le numéro de son dossier. Au cas où le cadavre a été dépecé, le règlement stipule que chaque morceau doit être identifié, ce qui n'est possible qu'à Norilsk, où se trouvent les fichiers centraux avec les données anthropométriques de tous les prisonniers de tous les secteurs du camp.

Plus tard, j'apprendrai à mes dépens que l'officier de la police politique du camp fait parfois transférer à Kalargon des prisonniers politiques, dont il juge la « rééducation par le travail » trop lente, voire impossible. Cette rééducation qui est le but du Goulag.

Et l'on y expédie à dessein des truands appartenant à des bandes ennemies. Ils finissent par s'entre-tuer, ce qui permet à l'administration locale de souffler un peu.

ALBINAS

Albinas avait quatorze ans quand je l'ai rencontré en Sibérie, dans l'énorme prison de transit de Krasnoïarsk. Il venait de prendre dix ans de travaux forcés pour « banditisme ». C'était en 1949. La Résistance lituanienne tenait encore tête à l'envahisseur soviétique.

Un an plus tôt, un détachement de l'Armée rouge était arrivé dans leur ferme, en Lituanie. Avec un chariot sur lequel on distinguait, sous une couverture, une forme oblongue, inerte. Un officier était entré dans la maison, suivi de trois soldats en armes.

— Où est ton homme ? demande-t-il à la mère.

Elle le regarde, livide, incapable de prononcer un mot. Sans se fâcher, le lieutenant insiste.

— Je ne sais pas… lui parti… loin… balbutie-t-elle dans son mauvais russe.

Les quatre plus petits s'accrochent à la jupe de leur mère, les yeux écarquillés. Niiolé, âgée de douze ans, se blottit contre son frère Albinas. Après un instant de silence, l'officier hurle :

— À boire !

La mère ne comprend pas.

— Vodka ! crie-t-il.

Ça, c'est un mot que tout Lituanien comprend. Elle passe dans la pièce voisine avec les quatre petits et revient seule, une bouteille à la main. Les Russes boivent. Ils deviennent très gais. Le lieutenant lance un ordre. Deux soldats sortent, prennent dans le chariot ce qui, de toute évidence, est un cadavre, reviennent et le posent sur la table.

L'officier tire la couverture.

— Dis bonjour à ton mari…

Albinas voit un cerveau en bouillie, des fragments d'os, du sang… Ce qui reste d'un visage. C'est bien son père. Hagarde, la mère regarde sans rien voir.

Un Russe tire un harmonica de sa poche. Les notes sautillantes d'un air de danse cosaque remplissent la pièce. Les soldats fouillent la maison, trouvent encore de la vodka.

— Dansez ! ordonne le lieutenant.

La mère reste immobile, absente.

— Dansez ! répète l'officier.

Il sort son revolver, tire une balle dans le plafond. Puis il pointe son arme sur la petite Niiolé.

— *Iob tvoiou mat !* Dansez, enfants de pute !

Albinas était incapable de dire combien de temps ils avaient dansé ainsi tous les trois, lui, sa mère et Niiolé. Puis ils s'étaient retrouvés tous ensemble dans le chariot, avec le cadavre du père.

Quelque temps plus tard, ils avaient été jugés et condamnés. En quelques minutes, le temps d'apposer les tampons nécessaires. La petite Niiolé à cinq ans de travaux forcés, lui, Albinas, à dix ans. Et la mère à vingt ans. Tous les trois pour banditisme.

DE FINS PSYCHOLOGUES

Le truand est perspicace : il lui suffit d'un coup d'œil pour savoir à qui il a affaire.

Un jour, au tout début de ma carrière au Goulag, j'ai été muté dans une autre équipe. Il m'a donc fallu changer de baraque, aller chercher ma ration de pain auprès d'un nouveau responsable. Arrivé devant lui, je me suis présenté : « Voilà, je suis Rossi, Jacques, j'ai été muté ici, on m'a dit que c'était vous qui alliez me remettre ma ration. »

Je devais apprendre par la suite que ce responsable était un truand de haut vol, ce qui n'avait rien d'étonnant : les truands s'arrangent toujours pour obtenir ce genre de postes, de vraies sinécures.

Il m'a aussitôt remis mon pain, sans rien me demander.

À l'époque, j'étais encore naïf, et cela m'avait paru normal. Ce n'est que plus tard, au fur et à mesure que je m'initiais à la vie (et le Goulag est à cet égard une sacrée bonne école !), que je me suis posé des questions. Comment un responsable de baraque avait-il pu délivrer aussi facilement une ration de pain, chose si convoitée, à un type qu'il voyait pour la première fois ?

Un jour, je le lui ai carrément demandé.

— Tu sais, moi, j'ai du flair ! m'a-t-il répondu. Les gens, je les renifle. J'ai vu tout de suite que tu étais un cave, et même un « cave des caves ». Sûrement trop bête pour s'aviser de réclamer une ration à laquelle il n'a pas droit !

Un autre exemple de ce flair exceptionnel. Là aussi, c'était au début de mon séjour au Goulag. Je m'efforçais maladroitement de m'extraire, tel un poussin, de la coquille de ma culture…

Doudinka[1], sur les bords de l'Iénisseï. Nous étions toute une équipe de *zeks*, nous poussions vers la voie ferrée des troncs d'arbres entassés en vrac. Deux équipes travaillaient face à face, séparées par cet amas d'arbres. On chargeait les troncs sur des plates-formes à l'aide de longues barres de fer terminées par des crochets. Au fur et à mesure que le tas diminuait, les deux équipes se rapprochaient l'une de l'autre. Celle qui se trouvait en face de moi était composée essentiellement de truands. L'un d'eux n'arrêtait pas de m'injurier, il me menaçait avec son crochet. Je ne comprenais pas pourquoi. Mais je ne bronchais pas. Moi qui avais risqué ma peau en Espagne pour le

1. Ancien village de pêcheurs devenu un port fluvial et maritime, situé à l'embouchure de l'Iénisseï, au-delà du cercle polaire. À partir du début des années trente, la main-d'œuvre, les marchandises et les équipements destinés au camp de travaux forcés de Norilsk ont transité par Doudinka, qui fut d'ailleurs, de 1930 à 1960, un des secteurs de ce même camp.

bonheur de l'humanité, je n'allais tout de même pas me laisser intimider par un misérable déchet social – ce qu'il devait être, puisqu'il se trouvait ici, au Goulag (pour moi, bien sûr, c'était une erreur !).

Arrivé devant moi, il me regarda droit dans les yeux et déclara :

— Non. Tu n'es pas un chien. Tu as les yeux d'un être humain.

Et il baissa son crochet. L'incident était clos.

Plus tard, des camarades m'ont donné l'explication de sa conduite : c'était à cause de mon couvre-chef.

À Moscou, au moment du transfert de la prison de Boutyrka vers les camps, les détenus qui n'avaient rien à se mettre pouvaient s'acheter de vieux vêtements auprès de l'administration. À l'époque, j'avais toujours le feutre parisien que je portais au moment de mon arrestation. Un camarade de cellule m'avait fait remarquer en riant qu'il serait plutôt incongru là où j'allais. Et il m'avait généreusement acheté une superbe chapka bleu foncé à liséré jaune. Un cadeau empoisonné car, comme je l'ai appris par la suite, il s'agissait de l'ancien modèle des chapkas de la police…

Évidemment, mon truand avait cru se trouver devant un ex-policier. Mais, en me regardant de plus près, il s'était rendu compte que je n'avais rien d'un flic.

Un truand sait immédiatement à qui il a affaire. Réflexe professionnel. Pour lui, c'est souvent une question de survie.

SAVOIR-VIVRE

Ils étaient drôles et sympathiques, Grichka, Michka et Sachka. C'étaient tous de jeunes délinquants. Dans la baraque, ils étaient mes voisins. On faisait partie de la même équipe. Ensemble, on s'ingéniait à tricher au travail en pratiquant la *toufta*[1]. Souvent, ils me demandaient de leur parler de la vie à l'étranger. Pour eux, il y avait deux pays : l'Union soviétique, et l'Étranger – un pays féerique, mystérieux et prometteur. Je m'exécutais de mon mieux.

Un jour, sur le chantier, ils sont arrivés à se procurer une écuelle pleine de *kacha*, cette bouillie de céréales qui constitue la nourriture de base du peuple russe. Il n'y avait qu'une seule cuillère. Pour me

1. Tricherie, mensonge, faux-semblant. Ce mot apparaît dès les années vingt dans le lexique des criminels récidivistes. Il vient du sigle TFT, *Tiajoly Fizitchesky Troud*, « travail manuel pénible », et fut « traduit » par la suite en *Tekhnika Outchota Fiktivnovo Trouda*, c'est-à-dire « technique de calcul du travail fictif ».

Ce terme recouvre une notion capitale pour comprendre l'essence du système et de l'économie soviétiques. Les idéaux marxistes-léninistes étant irréalisables et Staline ayant décrété que cette utopie était une réalité, tout le pays était contraint de recourir à la *toufta*, c'est-à-dire au mensonge, pour valider les mensonges de la direction du Parti.

témoigner leur sympathie, ils m'ont proposé de manger le premier. La cuillère passerait ensuite au suivant, et ainsi de suite. Cette proposition m'avait embarrassé, car il n'y avait pas d'eau pour laver la cuillère. En novice n'ayant pas la moindre notion des bonnes manières concentrationnaires, au lieu de bien lécher cette cuillère pour qu'elle brille comme un sou neuf, je me suis efforcé de la toucher le moins possible avec mes lèvres, et quand j'ai estimé avoir mangé ma part, très gêné, j'ai passé à Grichka cet instrument collectif auquel restaient collés des grumeaux de semoule... par la suite, Grichka me confia quelle avait été leur surprise de voir un homme qu'ils croyaient « éduqué » – puisque étranger et parlant plusieurs langues – se comporter de façon aussi grossière.

Il me fallut assez longtemps pour assimiler les règles du savoir-vivre goulaguien.

Un autre exemple de cette ignorance des bonnes manières qu'on rencontre chez les non-initiés : cela se passe dans la prison de transit de Krasnoïarsk, en 1948. Nous sommes une vingtaine dans la cellule, dont quelques étrangers. La plupart ignorent leur destination. Sauf l'ingénieur N., une sommité de la métallurgie, qui est réclamé par le complexe industriel de Norilsk.

La porte s'ouvre, et on fait entrer un nouveau. Un homme vigoureux, sûr de lui, mais qui n'est manifestement pas un truand. Plutôt un « moujik[1] ». Il dit

1. Mot russe désignant le paysan, devenu dans plusieurs langues étrangères l'équivalent de « paysan russe barbu et rustre ». En argot du Goulag, il s'agit surtout du prisonnier de droit commun n'appartenant pas à la pègre, mais au courant des lois de la jungle concentrationnaire.

« Bonjour ! » sans même attendre que la porte se referme derrière lui. Il a du savoir-vivre ! Il se dirige vers une des places disponibles, puis, après y avoir posé ses affaires, sort sa blague à tabac et verse sur la table un petit monticule de tabac.

— Roulez-vous-en une ! dit-il simplement.

Les autres n'en reviennent pas ! Ici, le tabac est la denrée la plus convoitée. Pour certains, c'est même plus précieux que le pain. Les gars s'efforcent de faire preuve de dignité, de ne pas se précipiter tous à la fois. Ce qui demande un gros effort ! Et en voilà soudain un qui approche d'un pas résolu et se dirige droit vers le précieux monticule – c'est tout juste s'il ne s'enflamme pas sous tous ces regards qui le foudroient ! Il ouvre sa propre blague à tabac et, pincée par pincée, la remplit à moitié avec le tabac du généreux donateur. Il s'incline légèrement devant lui et dit, avec un fort accent allemand : « *Spassibo !* » C'est le général allemand von und Zu., un aristocrate distingué et très cultivé.

LA VACHE

Tout est blanc : la toundra, le ciel, l'horizon. Nous sommes six *zeks*. Deux hommes armés nous escortent. Nous suivons trois ingénieurs topographes. Ils avancent péniblement dans la neige profonde. Nous, nous sommes là pour porter leur matériel : théodolite, planchette, jalons. Un jeu d'enfant… Les hommes d'escorte ne nous talonnent pas. On se croirait en vacances. Quelle aubaine !

— Qu'est-ce que ça peut bien être ? demande Artchil.

Au loin, dans la blancheur, il distingue un point gris, il en est sûr. J'écarquille les yeux. Je ne vois rien. Au fur et à mesure que nous approchons, certains commencent à discerner quelque chose, eux aussi. Cela ressemble à un billot. Tous, ingénieurs, soldats, détenus, nous gardons les yeux rivés sur cet objet énigmatique.

— C'est drôle, on dirait un homme assis, déclare l'un des ingénieurs.

— Oui, et il est parfaitement immobile ! s'étonne un autre. Que diable peut-il bien faire tout seul dans ce désert glacé ?

— C'est une « vache »... commente mon voisin.

En effet, c'est bien un homme. L'arrivée de notre groupe ne le trouble pas. Il reste assis, sans bouger. Ses pieds disparaissent dans la neige. Ses bras enserrent ses genoux. D'après ses vêtements, il ne peut s'agir que d'un détenu. Il a l'air très jeune. Sans dire un mot, un des soldats d'escorte s'approche et le pousse avec la crosse de son arme. L'homme, toujours immobile, tombe sur le côté sans desserrer les bras. Il doit être mort depuis longtemps. Le soldat se penche sur lui. Sans ôter sa moufle, il écarte le cache-nez vert et rouge du mort. De chaque côté du cou, une incision apparaît au niveau de l'artère. Le soldat redresse le cadavre et dégage les reins. La veste craque, une vraie carapace de glace. On voit deux grosses plaies à l'emplacement des reins. Une « vache »...

On dit aussi un « bélier », ou un « bagage »... Tous ces termes désignent des provisions de route ou, pour être plus précis, celui dont le sang et les reins seront consommés, encore tout chauds, par ses compagnons, si au cours d'une évasion on se retrouve sans vivres. Les truands chevronnés confient le rôle de « vache » à un jeune qui ne se doute de rien, qui est tout fier de se voir associé à un projet d'évasion par des sommités de la pègre. Parfois, les choses se passent bien, et c'est seulement plus tard que la « vache » comprendra le risque qu'elle a couru. Peut-être pourra-t-il alors goûter l'humour des caïds qui lui avaient conseillé d'emporter du sel. En effet, quand on est en cavale, on ne peut pas allumer de feu de peur de se faire repérer. On se contente donc des éléments de la « vache » qui peuvent être consommés crus : le sang et les reins. Avec un peu de sel, ça passe mieux.

Notre colonne reprend sa route. Et soudain, la mémoire me revient : mais je connais ce garçon ! C'était il y a un an. Il venait d'arriver dans notre camp. À peine quinze ans, très naïf. Il ne savait pas trop pourquoi il était là. Il protestait de son innocence, et m'avait demandé de rédiger une requête en son nom. Pour me remercier, il avait voulu m'offrir son cache-nez rouge et vert, tricoté par sa mère.

J'ignore pourquoi les consommateurs de cette « vache » lui avaient laissé son cache-nez. En tout cas, c'était certainement leur sens de l'humour qui les avait incités à asseoir le cadavre, alors qu'il aurait été plus simple de l'abandonner comme ça. Les truands adorent les plaisanteries.

LE PARI

On vient de livrer dans notre cellule des articles commandés à la cantine de la prison par nos « nantis », ceux qui reçoivent des mandats de leur famille. Comme partout, les nantis sont beaucoup moins nombreux que les pauvres. Ici, on les distingue au premier coup d'œil : les uns à leurs formes arrondies, les autres à leur visage émacié, à leurs côtes saillantes, à leur ventre creux, ainsi qu'à leur attitude parfois exagérément humble, parfois très agressive.

Sur la table s'élève un monceau de pain, de tabac bon marché, de sucre, d'oignons et autres merveilles. Il y a dans l'air quelque chose de solennel. La « commission de cantine », deux ou trois hommes élus par les nantis, s'affaire au partage et à la distribution des commandes. Graves, conscients de leurs responsabilités, ils ressemblent à des prêtres célébrant la messe. Les nantis patientent, respectables et dignes, ils savent d'avance que la célébration ne peut que leur être favorable. Quant aux pauvres, certains n'arrivent pas à s'arracher à ce fascinant spectacle qui leur met l'eau à la bouche. D'autres feignent de ne pas regarder, mais rien ne leur échappe. Enfin, il y a ceux qui savent ne pas regarder et ne pas voir.

La tradition veut que chaque nanti offre aux pauvres environ un dixième de la valeur de sa commande. C'est encore la commission qui répartit cette manne entre les bénéficiaires.

Le vétérinaire Avérianov, grand et dégingandé, est le plus famélique de nos pauvres. À la question lancée à la cantonade : « Combien de pain peut-on manger d'un seul coup ? », il répond immédiatement : « Quatre kilos ! »

C'est une question qui revient souvent dans les camps et les prisons. Beaucoup de légendes circulent là-dessus. Avec force détails. Mais quatre kilos ! Ça laisse rêveur.

— Sans boire ? s'enquiert, incrédule, un autre crève-la-faim.

— Sans boire ! tranche Avérianov, inébranlable.

— J'aimerais bien voir ça ! déclare un autre.

On parie. Deux groupes se forment.

— Arriverons-nous à réunir quatre kilos de pain ? lance, provocateur, Frolov, un nanti qui se veut généreux. Voilà un demi-kilo pour commencer !

D'autres répondent à l'appel, sans grand enthousiasme.

— Mais arrêtez, voyons ! proteste Mikhaïl Grigoriévitch. Si vous l'obligez à tenir son pari, vous allez le tuer !

On passe outre. Les quatre kilos sont réunis. Ou plutôt ce qui doit représenter quatre kilos. On n'a pas de balance. C'est donc le vieux Batov qui tranche. Il a passé plus de vingt ans au Goulag, il a appris à évaluer les portions de pain à cinq grammes près.

Entouré par un groupe de supporters, Avérianov rayonne de bonheur. Après tant d'années, il va enfin pouvoir manger à sa faim ! On lui prodigue des conseils pratiques, on cite des exemples célèbres... Il se promet de prendre son temps, mais c'est plus fort que lui, les premières bouchées, énormes, descendent en un clin d'œil. Il se reprend. À présent, il est plus concentré. Il se met à mâcher consciencieusement. Il devient de plus en plus sérieux. Sa mâchoire remue de plus en plus lentement. Ses compagnons suivent chaque détail de l'opération, comme les spectateurs d'un match. On voit qu'il commence à accuser l'effort. Il y a de l'inquiétude dans ses yeux. Il devient tout pâle. De grosses gouttes de sueur perlent sur son front. Quelques-uns lui disent de laisser tomber. D'autres l'encouragent. Il continue. Finalement, sa mâchoire refuse de lui obéir. Il ne réussit pas à avaler la dernière bouchée. Il est atterré. Il reste à peine deux cents grammes ! Quelqu'un lui tâte le front.

— Merde, il est brûlant !

D'autres mains se tendent pour toucher à leur tour. Grichka frappe à la porte, on appelle l'infirmier. Au bout d'une heure, il finit par arriver. Il prend la température d'Avérianov, regarde la colonne de mercure et sort. Deux heures passent. On vient chercher Avérianov « avec tout son barda ». Cela signifie qu'il va être transféré ailleurs.

Deux ans plus tard, je me suis retrouvé dans la même cellule qu'un détenu qui était hospitalisé dans la salle où on avait transporté Avérianov. Le malheureux était mort au bout de quelques heures.

Il n'est pas certain que les « bailleurs » de ces fatidiques quatre kilos de pain aient voulu se payer un spectacle aux dépens du famélique Avérianov. Peut-être craignaient-ils simplement de passer pour des radins.

UNE BONNE BLAGUE

Aloïs l'Autrichien vivait depuis déjà trois ans dans une baraque de truands, tous des planqués. Ayant appris le russe tant bien que mal, cet apprenti truand avait été promu responsable de baraque. Autrement dit, c'était lui qui allait chercher l'eau chaude et les rations de pain, qui veillait au bon ordre général. Toutes tâches qui n'exigent pas de trop gros efforts. Même s'il avait parfois à s'acquitter de rudes corvées, il était son propre maître. Il n'y avait personne pour le talonner.

Gricha était un truand. Comme tous les truands, il était redouté. D'autant que son aspect n'avait rien d'engageant : une voix rauque particulièrement impressionnante, un visage criblé de marques de petite vérole et de cicatrices diverses, une rangée de dents en acier, une chevelure rousse et une longue balafre en travers du front.

Nez-Cassé était aussi un truand. Il était préposé à la garde d'un dépôt de vivres, poste que l'administration attribuait volontiers à des ressortissants de la pègre : nul n'était mieux placé qu'eux pour déjouer les ruses des voleurs éventuels. Et lorsqu'ils se servaient, c'était avec l'assentiment et la complicité de l'officier responsable.

Nez-Cassé était grand, costaud et plutôt taciturne. Poli, comme peuvent l'être certains truands, il ne tutoyait personne, à part ses copains les plus proches. Mais surtout, il avait un grand sens de l'humour.

Nous nous trouvions dans un secteur du camp qui, fait exceptionnel, contenait à la fois des baraques d'hommes et des baraques de femmes. Gricha avait une « femme ». Et un beau jour, pour s'amuser, Nez-Cassé paria avec lui qu'il baiserait sa Macha.

Gricha, étant donné la terreur qu'il inspirait à son entourage, y compris à la blonde et frêle Macha aux joues roses, était bien convaincu que celle-ci n'aurait jamais le culot de le tromper.

Mais Nez-Cassé sut tirer profit de son poste : il troqua quelques provisions contre des vêtements féminins. Ce qui lui permit d'attirer Macha dans sa baraque.

— Écoute, mon vieux, dit-il alors à Aloïs. Macha, la femme de Gricha, va venir ici pour baiser avec moi. Tu tendras un drap devant ma couchette pour nous donner un peu d'intimité, et tu prépareras dans l'entrée un seau d'eau froide avec des morceaux de glace. Dès que j'aurai fini, je me retirerai immédiatement. Aussitôt, toi, tu arracheras le drap, et tu jetteras l'eau glacée entre les jambes de Macha.

Comme convenu, Aloïs déversa prestement le seau d'eau glacée à l'instant convenu et à l'endroit convenu. Macha, affolée, bondit de la couchette et s'enfuit à toutes jambes. En oubliant ses belles chaussures, cadeau de son tendre Gricha.

C'était exactement ce dont Nez-Cassé avait besoin pour prouver à Gricha qu'il avait bel et bien gagné son pari – un demi-litre d'alcool à 95° qu'ils vidèrent ensemble.

Macha eut beaucoup de chance. Gricha ne la tua pas. Il se contenta de lui flanquer une raclée. Elle en fut quitte pour quelques semaines d'hôpital.

ENTRE TRUANDS

L'administration n'arrivait plus à arrêter les sanglants règlements de comptes entre les bandes rivales de truands. Tous les jours, il y avait des morts, ce qui réduisait d'autant le cheptel humain, alors qu'aucun nouvel arrivage n'était prévu avant six mois, quand l'Iénisseï serait débarrassé de sa carapace de glace. De plus, ces meurtres semaient la panique parmi les caves. Or les truands, les vrais, opposaient à l'administration une résistance si farouche qu'il était impossible de les faire travailler, et les caves, dociles, étaient les seuls à bosser. Bref, cet état de choses compromettait la réalisation du plan et, par conséquent, les primes que les fonctionnaires touchaient s'il était dépassé.

L'administration a donc pris la décision de séparer les deux factions ennemies en divisant le camp en deux secteurs isolés par un « couloir de feu » – une bande de terrain d'environ un mètre cinquante de large, délimitée de chaque côté par des barbelés. Des sentinelles armées, perchées sur leur mirador, tirent sans sommation sur quiconque s'y aventure. Du coup, les meurtres ont sensiblement diminué.

Mais la faction qui se sait la plus forte ne veut pas de cet armistice imposé. On imagine donc de creuser un tunnel dans la carapace de neige de près d'un mètre d'épaisseur qui recouvre le sol depuis déjà des mois. Une entreprise délicate et techniquement difficile. On y parvient pourtant. Mais avant d'entreprendre une attaque en force dans le camp adverse pour égorger les ennemis pendant leur sommeil, il faut reconnaître les lieux, repérer les places occupées par Ivan-Brèche-Dent, Grichka-le-Grêlé, Abderrahman-Cul-Noir et les autres chefs les plus dangereux.

C'est ainsi que, par un soir où le vent fait tourbillonner la neige, Sacha s'introduit en éclaireur dans la baraque ennemie. La grande majorité des habitants, environ deux cents, sont des caves. Les truands ne sont qu'une dizaine. Bien entendu, ils occupent les meilleures places, au fond de la baraque. Sacha se mêle aux caves. Il trouve une place sur le bat-flanc près de la porte. Il se couche comme tout le monde, son bonnet enfoncé sur les yeux. Car il fait froid. D'ici, il pourra observer sans être repéré. Seulement voilà…

— Tu n'as pas envie de manger un bon petit plat bien chaud ? demande une voix chaleureuse.

On lui tapote amicalement l'épaule.

— Tu dois être gelé et crever de faim, mon pauvre vieux !

Sacha pâlit. Les pensées se bousculent dans sa tête. Comment échapper à une mort qu'il pressent cruelle… Généreux, l'homme l'invite à s'installer dans le coin des truands, près du poêle. Une gamelle fumante l'y attend. Comment pourrait-il prétendre qu'il n'a pas faim ? Les caves sont toujours affamés. Contrairement aux truands qui, eux, sont les maîtres et n'ont pas besoin de trimer.

Ne sachant que dire, Sacha, résigné, décide de jouer le jeu. Il se lève, il suit l'homme… Après tout, il arrive que les truands aient de ces gestes généreux purement gratuits… Il s'efforce de manger. Ses hôtes se montrent compatissants, ils témoignent beaucoup de sympathie à ce pauvre diable de cave qui vient de terminer une dure journée de travail. L'un d'eux lui offre même un gros morceau de sucre. Un autre, une ration entière de pain…

— Micha, ravive le feu ! ordonne Grichka-le-Grêlé. Le pauvre gars a froid !

On pose des questions à Sacha. On le plaint…

— À propos, c'est qui, ton chef d'équipe ?

Sacha bredouille quelque chose… D'autres questions fusent, de plus en plus embarrassantes. Pendant ce temps, Micha s'acharne sur le poêle. La grosse plaque métallique qui le recouvre devient pourpre, rouge cerise, blanche. Un des truands se met à jouer de la balalaïka. D'autres entonnent une chanson. À tue-tête.

Fini, le jeu du chat et de la souris. Deux gaillards tordent les bras de Sacha et les lui attachent dans le dos avec du fil de fer. Même chose pour les pieds. Et d'un coup, le voilà jeté sur la plaque. Ses vêtements s'enflamment. Un terrible hurlement. Des gémissements. Une odeur nauséabonde de chair brûlée. La balalaïka et le chœur se déchaînent, mais on entend quand même les hurlements. Puis ils se font plus rares. Et, chose curieuse, alors que tout semblait terminé, un cri atroce, un seul, déchire l'air. Le chœur et la balalaïka s'essoufflent. L'odeur de chair brûlée est insupportable. Les truands ouvrent la porte et cassent les carreaux de la fenêtre. Dehors, il fait – 25 °C. Les deux cents caves de la baraque font semblant de dormir. Ils savent qu'être témoin des exploits des truands peut leur coûter la vie.

Lorsque j'ai levé la tête au premier hurlement, l'énorme patte de mon voisin Pétro m'a immédiatement immobilisé. Il n'a rien dit.

Ce n'est que le lendemain qu'il me citera l'une des règles les plus importantes du savoir-vivre goulaguien : « Ne rien voir, ne rien entendre, ne rien dire. » Lui, il savait cela depuis longtemps. On le lui avait inculqué au kolkhoze, puis pendant son service militaire dans l'Armée rouge.

— On n'a pas appris ça dans ton université, hein ? me dit-il avec son bon sourire.

LE SALAIRE DU MOUCHARD

Ses camarades l'avaient floué lors du partage du butin. Il les avait donnés au commissaire. Celui-ci, en guise de récompense, avait ordonné au responsable des travaux d'affecter Tolia à des tâches moins exténuantes et, si possible, « caloriques », c'est-à-dire offrant la possibilité de voler un peu de nourriture. Le responsable des travaux n'aimait guère les protégés du commissaire. En général, c'étaient des fainéants. Mais que faire ? Lui aussi, il avait peur. Tolia avait donc été affecté à la boulangerie comme balayeur. Mais les *zeks* de la boulangerie n'ont pas été longs à comprendre quels « services » Tolia rendait au commissaire. Ils se sont entendus entre eux et arrangés pour que Tolia soit pris la main dans le sac. On a bien été obligé de l'envoyer au mitard. Puis, cela allait de soi, on l'a affecté aux travaux de terrassement. C'était dur. Mais comme, entre-temps, il s'était acquitté « honorablement » de quelques missions confiées par le commissaire, celui-ci l'a muté à l'infirmerie. Là encore, ses collègues ont très vite compris à qui ils avaient affaire, et ils se sont débarrassés de lui, eux aussi. Et Tolia s'est de nouveau retrouvé aux travaux dits « généraux ». Une fois de plus, il est allé implorer le commissaire. Celui-ci a compris que Tolia n'était plus utilisable, tous les détenus savaient que c'était un mouchard. Et il l'a expédié dans un secteur du camp où ceux qu'il avait donnés purgeaient leur peine.

Le lendemain matin, la tête tranchée de Tolia traînait près des latrines. Telle est la loi des truands, c'est la tradition chez eux. Le commissaire savait parfaitement ce qui allait se passer. Il s'était débarrassé d'un mouchard inutilisable. Il n'aurait pas de mal à en recruter de nouveaux parmi tous ces affamés.

En fonctionnaire consciencieux, il a ouvert une enquête contre les meurtriers de Tolia, il les a « découverts », arrêtés. Il a obtenu des dépositions de témoins et les aveux complets des coupables. Puis il a envoyé le dossier au tribunal. C'était très simple, puisque l'enquête, l'instruction et le réquisitoire sont confiés à une seule et même personne.

Les assassins de Tolia, de vieux repris de justice, ont été condamnés chacun à dix ans supplémentaires pour homicide volontaire. Justice a été faite.

CONGÉ PAYÉ

Brèche-Dent en a marre. Marre de tout. Marre de cette section punitive de Kalargon, où les hommes de service le tabassent chaque fois qu'il refuse de se laisser conduire dans les carrières, l'unique chantier du secteur. Ces hommes sont des truands, comme lui, mais ils appartiennent à la mafia ennemie, ce sont des « chiennes [1] », alors que lui s'enorgueillit d'être un truand « honnête », un « régulier ». Ah, s'il était avec des « réguliers », il n'y aurait aucun problème !

Voilà déjà plusieurs mois qu'il se trouve à Kalargon. Combien de temps va-t-on encore le laisser croupir ici ? En plus, l'hiver approche. Bosser dans des carrières à ciel ouvert par −45 °C ? Merci bien !

1. Truand que les « réguliers » ne considèrent pas comme appartenant au milieu. Il n'en observe d'ailleurs pas la loi, qui interdit entre autres toute collaboration avec l'administration, y compris la dénonciation d'un autre détenu, fût-il même un cave. « Chiennes » et « réguliers » s'affrontèrent en une guerre meurtrière décrite par divers auteurs de récits sur les camps.

La préférence donnée au terme « chienne » (*souka*) sur celui de « chien » témoigne du machisme invétéré des truands.

« Mort à Staline ! À bas les soviets ! » hurle-t-il dès qu'il aperçoit le commissaire. Celui-ci ne se retourne même pas. Alors que, normalement, il devrait immédiatement coffrer ce dangereux « terroriste ». Mais il sait très bien que Brèche-Dent est un criminel récidiviste et qu'il ne représente aucun danger pour l'État soviétique. Il cherche tout simplement à être transféré dans une prison préventive. Les prévenus en attente d'un jugement ne sont pas contraints de travailler. Ils ont droit tous les jours à quatre cents grammes de pain et à neuf grammes de sucre, alors que la ration d'un détenu qui refuse de travailler est de trois cents grammes de pain, sans sucre. C'est donc une bonne affaire d'être en état d'inculpation. Mais le commissaire ne veut pas entrer dans le jeu de Brèche-Dent. Il ne reste donc plus au truand que la bonne vieille méthode classique : assassiner un codétenu, le premier qui lui tombera sous la main. Aussitôt dit, aussitôt fait. Et le voilà en détention préventive. Il est assez malin pour faire traîner l'enquête jusqu'au printemps. Entre-temps, personne n'essaie de le faire bosser.

Bien sûr, après son procès, il retournera dans un camp, avec une nouvelle peine de cinq à huit ans. Mais il aura profité d'un « congé payé » de cinq ou six mois.

Après tout, le Goulag, pour lui et pour ses pairs, c'est comme l'usine ou le bureau pour tant d'autres. La vie normale, quoi.

LA BELLE POLONAISE

Basia, une jeune Polonaise de Varsovie, a échoué dans le camp de Norilsk en août 1946. Malgré deux années d'interrogatoire, elle est toujours séduisante. Condamnée à vingt ans de travaux forcés par un comité du NKVD pour « crime antisoviétique » (sans avoir jamais vu ses juges), elle a été affectée aux travaux les plus durs, ceux que l'on appelle « généraux ». La voilà donc sur un chantier de construction, à trimbaler des briques sur son dos. Elle doit grimper sur les échafaudages pour remettre son fardeau aux maçons. Les journées de travail sont de dix heures.

Un jour, l'architecte Smirnov vient sur le chantier faire une visite de contrôle. En montant sur l'échafaudage pour se rendre au premier étage, il croise une prisonnière chargée de briques. La jeune femme glisse, mais Smirnov la rattrape de justesse et l'empêche de tomber. Craignant une punition, elle se confond en excuses. Smirnov, qui est encore tout nouveau, en est gêné. Il la rassure. Quelques phrases sont échangées, malgré la consigne – les contractuels libres ne doivent avoir avec les prisonniers que des rapports strictement professionnels. Sans réfléchir, Basia se permet quelques remarques sur l'organisation du chantier. Des remarques extrêmement pertinentes, qui frappent l'architecte. C'est que Basia est elle-même architecte, diplômée de l'École polytechnique de Varsovie… On dirait le Prince charmant et Cendrillon en plein Goulag ! Smirnov, ému par cet incident, obtient de l'architecte en chef que Basia soit affectée au Bureau d'études. Un véritable exploit, car ces transferts des travaux « généraux » à un emploi « qualifié » sont extrêmement difficiles. Ce n'est pas un hasard si l'on dit « arracher » ou « extraire » quelqu'un des travaux de force… L'architecte en chef du chantier, qui connaît bien l'École d'architecture de Varsovie, a décidé de courir le risque. Dans l'intérêt de la cause. Mais le commissaire politique veille. Architecte ou pas, affecter une condamnée pour « crime antisoviétique » à une autre tâche que des travaux de force est une entorse flagrante au règlement. Le commissaire, un vieux tchékiste, se souvient avec nostalgie de la vieille formule de Lénine : « Les affecter aux travaux les plus durs, les plus pénibles ! » Ah, quel génie, ce Lénine ! Mais pour en revenir à cette Polonaise, il y a plus grave encore : les rapports de ses indics lui confirment l'influence pernicieuse de cette fille née et formée dans la Pologne capitaliste d'avant-guerre. Pire encore : en épluchant son dossier, il découvre que Basia a participé à l'insurrection de Varsovie contre les nazis sur la rive ouest de la ville, en août 1944, alors que l'Armée rouge tenait déjà la rive est, ignorant superbement les demandes d'aide de plus en plus pressantes des insurgés. Les nazis avaient ainsi eu les mains libres pour massacrer tranquillement quelque deux cent mille civils. C'est seulement ensuite que l'Armée rouge était venue délivrer triomphalement les ruines de Varsovie. Le NKVD avait aussitôt procédé à des arrestations massives parmi les survivants. Basia était du nombre. Cette Polonaise doit haïr les Soviétiques. Elle est donc dangereuse. Il faut sévir. Les gens de sa trempe ne se soumettent jamais. Le commissaire se souvient aussi de ce qu'a dit Gorki, le grand écrivain prolétarien : « Si l'ennemi ne se rend pas, on l'écrase ! »

Bref, après deux jours de travail dans le Bureau d'études, voilà Basia expédiée dans une mine lointaine. Elle pousse des wagonnets. Son moral n'est pas brillant. Mais un jour… Un jour, dans la galerie où elle travaille, on voit arriver un *zek* crasseux qui demande :

— Qui est l'architecte du Bureau d'étude ?

— C'est moi !

— Viens vite au bureau du porion. On te demande au téléphone. D'urgence !

Ses camarades la poussent à y aller.

— Vas-y ! On fera ton travail à ta place !

Basia, le cœur battant d'espoir, suit le porteur de la bonne nouvelle au long des galeries. Ses camarades sont optimistes.

Le temps passe. Pas de Basia. L'heure de retourner aux baraquements arrive. Elle n'est toujours pas là. On organise des recherches. On la retrouve. Par terre.

Au fond d'un puits abandonné. Sans connaissance. Ses vêtements sont en loques, son cou et son visage sont couverts d'ecchymoses, ses cuisses nues barbouillées de sang.

Le bon peuple soviétique appelle cela « passer sous le tramway », ou encore « subir le kolkhoze », « subir le chœur ».

Basia fut libérée en 1956, bien après la mort de Staline. D'après le document officiel, l'inculpation était dénuée de fondement.

LE CHEF D'ÉQUIPE TCHÉRÉPANOV

Notre équipe est en plein travail. Tiens, le répartiteur ! Que diable vient-il faire sur le chantier ?

Le voilà qui va droit vers le chef d'équipe Tchérépanov.

— Allons-y !

— Où ça ? demande l'intéressé.

— Tu verras !

Tchérépanov nous laisse quelques instructions et s'en va avec le répartiteur.

La journée de travail terminée, nous le retrouvons dans notre baraque. Il est grave, solennel. Une foule de *zeks* venus des autres baraques, l'air tout aussi solennel, l'entoure avec déférence.

— Ils m'ont réhabilité ! déclare-t-il. Je vais être libéré.

Victime de la Grande Purge, comme des millions d'autres, Tchérépanov a été condamné « en bonne et due forme » à dix ans de travaux forcés pour des crimes contre-révolutionnaires qu'il n'a pas commis. Il a déjà purgé six ans.

Pendant des années encore, les *zeks* raconteront avec force détails comment le répartiteur est venu sur le chantier chercher Tchérépanov, comment il l'a conduit devant le responsable du NKVD en personne, et comment ce dernier lui a tendu la main (à lui, un *zek* !) en disant :

— Eh bien, camarade Tchérépanov... (Oui, oui, il a bien dit « CAMARADE » !) le Parti et le gouvernement soviétique ont examiné ton dossier. Ils ont pris la décision de te blanchir et de punir sévèrement ceux qui ont fait de fausses dépositions contre toi. Le Parti et le gouvernement sont là pour faire respecter la justice !

Cela se passait pendant la Seconde Guerre mondiale. Une fois au front, Tchérépanov est très vite tombé au champ d'honneur « pour la patrie et pour Staline ». Sans avoir eu le temps d'aller embrasser sa femme et ses quatre enfants. Ce qui du reste n'aurait pas été chose facile, car en tant que « membres de la famille d'un ennemi du peuple », ils devaient croupir quelque part au fin fond de la Sibérie. Peut-être ont-ils fini par apprendre un jour la mort glorieuse de leur père et époux. Maintenant, ils peuvent toujours essayer d'obtenir une pension.

LE TRONC D'ARBRE

Nous sommes six. Deux soldats nous escortent. L'un a un fusil muni d'une baïonnette, l'autre tient en laisse un berger allemand qui n'arrête pas d'aboyer. C'est tout juste s'il ne nous mord pas. Les hommes d'escorte nous paraissent énormes, avec leurs gros bonnets de fourrure, leurs pelisses en mouton, leurs solides bottes de feutre. Ils pètent de santé, leurs visages sont roses, ils sont bien nourris. On les envie.

Nous avançons péniblement dans la neige profonde, cherchant à mettre le pied dans la trace de celui qui nous précède. C'est Boris qui a pris la tête de notre file indienne.

Les soldats nous font traverser la carapace de glace qui recouvre l'Iénisséï. Le fleuve fait ici deux kilomètres de large, et la glace a presque deux mètres d'épaisseur. Nous voilà enfin arrivés. Nous avons marché quatre kilomètres depuis le camp. En approchant, nous voyons un gigantesque tronc d'arbre qui gît là, couvert de neige. Du revers de sa manche, Boris dégage un bout du tronc et l'examine.

— Du mélèze, dit-il, maussade.

C'est le bois le plus lourd. Ces arbres arrivent ici en été, par flottage. Le tronc a un bon mètre de diamètre, et huit de longueur. Il doit bien peser trois ou quatre tonnes.

Boris écarte du pied la neige dans laquelle il est enfoui, et nous découvrons qu'il ne repose pas tout simplement sur le sol, mais qu'il y est profondément enfoncé. Pendant la saison chaude, la rive était inondée et, quand l'eau a baissé, le tronc s'est incrusté dans la vase. Tout cela forme à présent un bloc de glace dur comme de la pierre. Notre moral baisse. D'autant que, dès que nous avons cessé de marcher, le froid s'est fait plus pénétrant.

Au bout d'une petite demi-heure, le contremaître arrive. C'est un droit commun, muni d'un laissez-passer qui l'autorise à se déplacer sans escorte. Cela explique son retard. Il expose à Boris ce que nous devons faire, puis se dirige vers son « bureau », une minuscule cahute ensevelie sous la neige.

— Envoie-moi un homme pour allumer le poêle et entretenir le feu ! lance-t-il à Boris.

« Seigneur ! Faites que ce soit moi ! » se dit chacun de nous. Sans hésiter, Boris désigne Agapone, un paysan de quatre-vingts ans. Agapone se débrouille pour trouver sous la neige quelques brindilles afin d'allumer le feu. Et il s'en va. Nous étions six. Nous ne sommes plus que cinq.

Boris nous explique notre tâche : il s'agit, à coups de barre de fer et de pioche, d'arracher cet énorme tronc à sa cuirasse de glace, afin qu'un tracteur puisse ensuite le remorquer. Là-dessus, Boris va dans le « bureau » afin de rédiger le « rapport » dont dépend notre ordinaire. Nous comprenons parfaitement l'importance vitale de ce document grâce auquel, en jouant sur une gamme de « normes techniques » détaillées et complexes, et en mettant à profit ses relations personnelles avec les contremaîtres et contrôleurs, Boris peut nous assurer des rations insuffisantes certes, mais pas catastrophiques. Le rapport doit être rédigé sur un formulaire standard. Mais comme l'administration n'en fournit pas, il faut se débrouiller. Le papier étant un article rare, même en dehors des camps, on utilise des lambeaux de sac à ciment en papier, des morceaux de contre-plaqué, voire de l'écorce de bouleau… Bref, nous comprenons que c'est un travail délicat. Mais à présent, nous ne sommes plus que quatre face à cet énorme tronc de mélèze.

Et cela ne s'arrête pas là : Valerka-la-Vérole se dirige à son tour vers le « bureau », dont la cheminée commence à fumer. C'est un truand, et la loi du milieu lui interdit de « bosser ». Comme dit l'adage : « Les truands sont faits pour truander, les autres pour bosser. » Il y a longtemps qu'on nous l'a rentrée dans la tête, cette loi. À nos dépens, bien sûr. Mais pourquoi Valerka-la-Vérole a-t-il accepté d'être conduit jusqu'ici ? Sans doute a-t-il cru qu'on l'amenait sur l'autre chantier, celui où nous avons travaillé hier, où il peut rencontrer ses pairs et réaliser quelques « opérations ». Les hommes d'escorte ne nous informent pas de notre destination quand ils nous prennent en charge, ils se contentent de la formule immuable :

« Un pas à gauche, un pas à droite, sera considéré comme une tentative d'évasion. Les gardes tireront sans sommation. Compris ? »

Ce n'est qu'au bout de plusieurs heures d'un travail acharné que nous réussissons, à trois, à arracher le tronc de mélèze à la terre gelée. Pendant ce temps, la moitié de nos effectifs – c'est-à-dire les trois autres – se trouvait dans la cahute. Avec le contremaître et les deux hommes d'escorte. Ces derniers, il est vrai, sortaient de temps en temps à tour de rôle pour s'assurer que nous étions toujours là. De l'intérieur, ils ne pouvaient pas nous voir à travers les carreaux givrés.

UNE CONNERIE

La chose est sérieuse : le gardien-chef vient d'entrer dans mon cachot. À pas de velours. Le verrou n'a même pas grincé. Le maton qui lui a ouvert reste dehors, les clés à la main, sans refermer la porte. Conformément au règlement.

Nous sommes en 1948, dans la prison préventive du camp de travaux forcés de Norilsk, au-delà du cercle polaire. Les « pensionnaires » sont des bagnards suspectés d'avoir commis un nouveau crime, un nouveau délit, alors qu'ils sont déjà en train de tirer une peine. Ce sont des droit commun, surtout des truands, des récidivistes et des assassins. Il n'y a que fort peu de politiques, comme moi, tout seul dans mon cachot depuis bientôt deux ans. Dans les cellules de droit commun, les gardiens n'ont pas une seconde de répit : rixes, bagarres, portes secouées par des coups violents. En comparaison, ma cellule doit leur paraître un havre de quiétude !

Le gardien-chef me tance comme un père contrarié par une espièglerie de son rejeton.

— Vous n'êtes pas un bandit ! Vous qui avez de l'éducation, comment pouvez-vous vous amuser à des conneries pareilles ?

Sa voix résonne dans mon cachot comme dans un tonneau. Et le maton, dehors, ne distingue que les derniers mots. Un autre gardien qui passe s'enquiert, intrigué :

— Mais que se passe-t-il ?

— Il s'amuse à des conneries ! l'informe mon gardien, péremptoire.

— Ah ! fait l'autre.

Au pays des soviets, toute information fournie par un personnage officiellement « compétent » est considérée comme parole d'évangile.

Quant à la « connerie » en question, eh bien, voici de quoi il s'agissait : avec un tout petit bout de clou, j'avais essayé de graver sur mon écuelle en aluminium : « Pétri est un mouchard. » Cet ancien détenu, avec lequel j'avais passé de longues années derrière les barreaux et les barbelés, s'était avéré être un collaborateur de la police. C'était grâce à lui que je venais d'être condamné, à la suite d'un autre procès truqué, à vingt-cinq ans supplémentaires. Cette fois, c'était la prison à régime sévère. Lors des distributions de repas, les écuelles circulaient entre les cellules. Le message que j'avais tenté de graver sur la mienne devait prévenir les copains.

Malheureusement, l'intervention paternelle du gardien-chef était venue contrarier mon projet.

LA CERVELLE

Avant son arrestation, en 1937, Alexandre Fomitch était directeur de département au ministère de l'Industrie lourde. Simple métallo au départ, il était arrivé à ce poste grâce à son zèle de militant.

Toutes ces années de travail bureaucratique ne lui ont pourtant pas fait oublier son ancien métier. Une fois au camp, il a réussi à se faire affecter aux ateliers de réparation en qualité d'ajusteur, échappant ainsi aux travaux de force.

Comme c'est un bon ouvrier, on lui a confié la tâche de former des apprentis. Et Alexandre Fomitch s'est pris d'affection pour l'un d'eux, Iourik, un délinquant de douze ans qui ressemble à son petit-fils Micha. Il a encore le monde entier à découvrir… Iourik appelle Alexandre Fomitch « tonton Sacha », selon l'usage populaire qui veut que les enfants appellent « tonton » n'importe quel adulte.

Un jour, au retour d'une de ses vadrouilles sur les chantiers, Iourik fait irruption dans l'atelier, tout excité :

— Tonton Sacha ! Je ne savais pas que la cervelle était grise ! s'écrie-t-il les yeux brillants, émerveillé par cette surprenante découverte. Grichka-la-Bête-Fauve vient de foutre à Ivan un de ces coups de barre de fer ! Son crâne a éclaté et quelque chose a éclaboussé le mur… Quelque chose de gris. J'ai tout de suite compris que c'était sa cervelle. J'avais jamais vu ça, de la cervelle d'homme !

LE MÉGOT

Aujourd'hui, il transporte de l'eau dans un grand tonneau fixé sur un chariot tiré par un cheval. Quand il arrive au chantier, il découvre que c'est une équipe de femmes qui y travaille. Il y a des politiques et des droit commun mélangés, des jeunes et des vieilles. Quelques-unes viennent chercher de l'eau. Le contremaître, occupé ailleurs, ne regarde pas de leur côté. Notre homme en profite pour souffler à l'une des filles qu'il va souvent dans le quartier réservé au personnel libre et que, grâce à ses relations, il a accès au magasin.

— C'est vrai ? demande la fille, étonnée.

— Oui, oui ! assure-t-il.

Elle qui a tellement besoin d'un petit paquet de tabac et d'un kilo de pain ! Seulement voilà, elle n'a pas un rond.

— On peut toujours s'arranger ! dit-il en indiquant du regard un minable réduit, à quelques pas de là.

Elle jette un coup d'œil autour d'elle et se dirige vers la cabane. Il la suit. À l'intérieur, il fait noir.

C'est sale, ça sent mauvais. Le réduit sert de latrines. La fille s'arrête devant une cloison, soulève sa jupe, déboutonne son pantalon matelassé, le baisse, juste ce qu'il faut, et se penche en avant. Derrière elle, il défait sa braguette tout en tirant sur sa cigarette. La fille voit le reflet de la braise sur la cloison.

— Laisse-moi finir ton mégot, dit-elle en tendant la main en arrière.

L'homme tire une dernière bouffée et lui passe le mégot tout en l'enfournant.

L'AMPOULE

Il avait grimpé sur le poteau et volé l'ampoule. De toute évidence, l'ingénieux système spécialement conçu pour électrocuter les voleurs était en panne, ou alors Chourik avait su le déjouer. Tout content de sa réussite, il savourait déjà le goût du pain. En échange de l'ampoule, il en obtiendrait bien un kilo auprès des ouvriers libres qu'il côtoyait sur le chantier.

Manque de pot, il avait été dénoncé. Une voiture de la section locale de la Sécurité d'État, avec un chauffeur et deux lieutenants, était venue pour le conduire en prison. Pourquoi deux officiers, alors qu'un modeste caporal aurait été amplement suffisant ? Je ne sais pas. Je sais en revanche qu'il ne pouvait s'agir que des organes de la Sécurité d'État, et en aucun cas de la police : le poteau d'éclairage en question était situé dans un secteur placé sous contrôle exclusif de la Sécurité d'État. Le poteau suivant, à dix mètres de là, se trouvait, lui, dans un secteur relevant de la police. Mais c'était sur l'autre que Chourik avait grimpé.

L'affaire étant simple et le prévenu ne niant pas les faits, Chourik bénéficia d'une enquête sans sévices ni excès de zèle, et d'un procès en bonne et due forme. Comme il purgeait déjà une peine pour vol au moment des faits, il fut condamné, en tant que récidiviste, à trois années supplémentaires. Six semaines s'écoulèrent entre son arrestation et le jugement. Et il y eut encore deux semaines de formalités avant son transfert dans le camp de travail, qui se trouvait à quinze minutes à pied du tribunal et de la prison.

C'était dans la zone boréale de la Sibérie, au début des années cinquante. À l'époque, dans ces régions lointaines, un lieutenant de la Sécurité d'État et un commissaire-interrogateur touchaient environ 3 500 roubles par mois, donc à peu près 17 roubles de l'heure. Un sergent, environ 13 roubles. Le coût d'entretien d'un détenu s'élevait alors à 9 roubles par jour. Si l'on additionne les sommes dépensées – déplacement de deux officiers et d'un sergent (47 roubles), séjour de huit semaines en prison pour Chourik (551 roubles), quinze heures de travail pour le commissaire (255 roubles), et manque à gagner dû au chômage technique de Chourik (675 roubles) – cette histoire avait coûté à l'État 1 538 roubles.

À l'époque, une ampoule coûtait 7 roubles. Mais c'était un article introuvable dans les magasins d'État, seuls points de vente légaux.

SUPÉRIORITÉ DU LÉNINISME SUR LE TSARISME

Pendant la Première Guerre mondiale, Emerich Poglitsch, alors jeune lieutenant autrichien, avait été fait prisonnier par l'armée tsariste.

En 1947, devenu conseiller municipal à Vienne, occupée à l'époque par les Soviétiques, il s'était de nouveau retrouvé dans une prison russe.

On pouvait difficilement soupçonner Emerich de sympathie pour le marxisme-léninisme. Mais il était la droiture même. Et il était bien obligé de constater que, sur un point au moins, les camps soviétiques avaient fait des progrès par rapport aux camps de prisonniers de guerre de la Russie tsariste : on n'y était pas dévoré par les poux.

L'HOMME N'EST PAS L'ÉGAL DU CHEVAL

Plusieurs dizaines de piles de troncs d'arbres s'élèvent dans le fond, le long de l'estacade. À quelque soixante-dix mètres de là, il y a une voie ferrée. Devant chaque pile d'arbres, une équipe de *zeks* se démène : il s'agit de pousser les troncs un par un vers la voie, afin de les charger en vitesse sur les plates-formes dès que le convoi arrive. Pour faciliter l'opération, on a disposé bout à bout, sur deux lignes, des troncs qui font ainsi office de rails sur lesquels les autres peuvent glisser. Leur poids varie selon la longueur – de quatre à huit mètres –, selon le diamètre – de vingt-cinq à quarante centimètres – et selon l'essence – du pin ou du mélèze, le plus lourd de tous les arbres de Sibérie. Nous sommes généralement quatre pour rouler un tronc. Le travail est exténuant : on est continuellement courbé, et ce pendant dix heures d'affilée.

Chez nos voisins de droite, ça « roule » apparemment sans accroc. Ce sont tous des anciens du Goulag, des paysans. À ma gauche, cela se passe encore mieux : le gitan Fritz (d'où peut bien lui venir ce nom ?) travaille tout seul avec le canasson que l'administration lui a confié. Il attelle prestement le cheval à la base du tronc (sensiblement plus lourde que le faîte), et pousse à l'autre bout, tantôt de la main gauche, tantôt du pied, tout en tenant les rênes et le fouet de la main droite. Nous sommes remplis d'admiration devant son adresse, et devant les chapelets de jurons qu'il déverse sur son canasson imperturbable. Nous autres, à côté, nous sommes vraiment des incapables ! Nous, c'est-à-dire quatre novices : Épifanov, un professeur de marxisme-léninisme qui a enseigné à l'académie des mines de Moscou jusqu'en 1937, l'année de la Grande Purge. Ivanov, un

colonel de l'Armée rouge, chef d'état-major de division ; le professeur Kozyrev, directeur de recherches à l'observatoire astronomique de Leningrad. Et enfin, moi-même, ci-devant agent secret du Komintern…

Après dix heures de travail, alors que nous attendons l'escorte qui doit nous reconduire au camp, le professeur Kozyrev se tourne vers moi :

— Que l'homme est donc une créature imparfaite ! Dire qu'après des millions d'années de sélection naturelle, les quatre spécimens du genre humain que nous sommes sont toujours inférieurs à un pauvre cheval…

LE CYCLOPE

Nous roulons des troncs d'arbres vers la voie ferrée. Il y en a des milliers, des dizaines de milliers, empilés sur une hauteur de trois ou quatre mètres. De longueur inégale, ils sont soigneusement alignés à un bout, mais à l'autre, bon nombre d'entre eux dépassent ici et là.

C'est l'hiver. Quand on est pris d'un besoin pressant, pour éviter de se geler les fesses dans la neige profonde, et avant de baisser son pantalon, on se perche sur un de ces troncs qui font saillie.

Et voilà qu'un beau jour, quelqu'un remarque qu'Ivan a disparu. Cela ne peut pas être une évasion. Nous sommes en Arctique. Comment fuir ? Où aller ? Sans doute est-il parti en quête de quelque chose à se mettre sous la dent. Un *zek* est toujours en chasse.

Le chef d'équipe sait que nous sommes copains, Ivan et moi. Il me demande de partir à sa recherche.

Il fait déjà nuit. Et me voilà déambulant parmi les piles de troncs d'arbres. Soudain, je vois en face de moi, au beau milieu d'un énorme visage blafard, un œil unique qui me fixe sans rien dire. J'en ai froid dans le dos. Mais j'approche quand même… Et je me rends compte que c'est un derrière. Celui de mon ami Ivan ! Ça alors ! Confortablement calé entre deux troncs d'arbres surélevés, il s'est tout bonnement endormi. Cela nous arrive souvent dès que nous arrêtons de bouger. On s'assoupit dans n'importe quelle position. Certains dorment même en marchant.

Seulement lui, là, il risquait de se geler non tant les fesses que certaines parties très délicates de son anatomie ! En le réveillant – ce qui ne fut pas chose facile, d'ailleurs – je l'ai probablement sauvé de l'amputation…

LE POISSON POURRI

Nous sommes en décembre 1941, à Doudinka, le port du camp de travaux forcés de Norilsk. Nous voilà attelés à notre tâche : arracher à la glace des planches arrivées par flottage, provenant de scieries situées à plusieurs centaines de kilomètres en amont du fleuve. Ces planches attendent ici depuis l'été. Elles sont arrimées en blocs de quatre mètres de long sur quatre mètres de large, ou même davantage, d'une hauteur de plus de deux mètres. Lorsqu'ils sont arrivés quelques mois plus tôt, on les a poussés le plus près possible du rivage, afin qu'ils soient accessibles quand le niveau de l'eau baisserait. Les *zeks* étant affectés pendant la belle saison à d'autres travaux plus urgents, ces blocs de planches sont restés là jusqu'à l'hiver. Entre-temps, ils se sont enfoncés dans la vase. À présent, ils sont pris dans une gangue de glace et emmaillotés d'une épaisse couche de neige.

Il faut commencer par les débarrasser de cette neige tassée et dure. Puis, utilisant des barres de fer en guise de leviers, on extirpe les planches une à une de leur carapace gelée. C'est un travail très dur. Les planches sont larges d'environ quarante centimètres, épaisses de cinq centimètres, et longues de quatre mètres ou plus.

Nous travaillons depuis des heures. Notre bloc a déjà diminué de moitié, quand une puanteur affreuse nous prend à la gorge. Une odeur de pourriture insupportable. Il fait pourtant – 30 °C !

Dans un minuscule interstice, entre deux planches, il y a une petite flaque d'eau qui n'a pas gelé, protégée du froid de tous côtés par l'épaisseur du bois. Dedans flotte le cadavre d'un tout petit poisson – guère plus de quatre centimètres. Voilà d'où vient cette puanteur.

Sans réfléchir, Aliocha, celui avec qui je trimbale les planches, fond dessus comme un épervier, l'attrape et le croque.

C'est un paysan, un kolkhozien. La faim, il connaît. Bien avant le Goulag. Il avait à peine douze ans quand son village a été collectivisé.

LA HONTE

Il avait fière allure dans son beau manteau de cuir souple lorsqu'en 1937 on l'amena dans notre cellule de la prison de Boutyrka, à Moscou. Il ne paraissait d'ailleurs pas autrement surpris par ce revers de fortune. En vieux bolchevik qu'il était, il devait en savoir long sur les us et coutumes du parti de Lénine et de Staline.

Latsis était un prolétaire de Riga, un bolchevik de la première heure. En 1917, il avait pris part à l'assaut du Palais d'Hiver à Pétrograd. Resté fidèle au Parti, il avait ensuite fait une carrière fulgurante. Au début des années trente, il était devenu directeur d'un département de la compagnie nationale Pétrole soviétique.

Je l'ai perdu de vue à la suite d'un transfert de détenus à l'intérieur de la prison. Ces transferts systématiques sont destinés à empêcher les prisonniers de nouer des relations d'amitié. Aux yeux des autorités soviétiques, ce genre de liens ne peut qu'être assimilé à la « formation de groupes contre-révolutionnaires », lesquels ne sauraient avoir d'autre but que de « renverser le pouvoir soviétique ».

Et voilà que deux ans plus tard, en 1939, je suis tombé de nouveau sur Latsis. Nos « enquêtes » terminées, nous avions tous deux été condamnés par simple décision d'un comité de police, le fameux Osso[1], sans avoir jamais vu nos juges, et nous nous sommes retrouvés dans le même convoi en route pour une destination inconnue.

À l'arrivée, après plusieurs semaines de route, on nous avait séparés. Mais, comme l'a si bien décrit Evguénia Guinzbourg dans *Le Vertige*, le transport des détenus à travers le plus grand État du globe est une longue et pénible aventure qui tisse parfois entre les « voyageurs » des liens de solidarité durables. Aussi, lorsque nous nous sommes de nouveau rencontrés six ans plus tard, en 1945, c'était un proche que je retrouvais.

Cette fois, nous étions au-delà du cercle polaire, dans le deuxième secteur du camp de Norilsk, qui en comptait environ une vingtaine répartis sur un territoire plus grand que la France. La peine de mon ami, comme la mienne, touchait à sa fin. Hélas, nous savions tous deux que, dans l'écrasante majorité des cas, une fois arrivé le terme de leur peine, les condamnés pour de prétendus crimes et délits poli-

1. *Ossoboïe sovechtchanié*: Conseil spécial de police habilité à prononcer des jugements extrajudiciaires en l'absence de l'intéressé, les sanctions pouvant aller jusqu'à la peine de mort. Cette institution remonte à l'époque de Lénine (cf. *troïka*, p. 55).

Dans les années quarante et cinquante, presque la moitié de la population pénitentiaire de l'URSS avait été condamnée par l'Osso. Comme ce n'était pas un organe judiciaire relevant du parquet, les individus injustement condamnés ne pouvaient demander aucun pourvoi en cassation. Cette institution fut supprimée en septembre 1953.

tiques se voyaient notifier qu'ils seraient « gardés en détention jusqu'à nouvel ordre en vertu de la circulaire numéro 224 ». Cette mesure s'appliquait également à certaines catégories de droit commun, notamment à ceux qui avaient été condamnés pour banditisme. D'après ce que nous avions cru comprendre, cette circulaire émanait du commissaire du peuple à l'Intérieur. En tout cas, une chose était sûre : elle avait été appliquée pour la première fois le 23 juin 1941, le lendemain de l'agression de l'Allemagne nazie contre l'URSS. Curieusement, certains détenus politiques qui en étaient victimes, mais qui continuaient de protester de leur fidélité envers le régime, cherchaient à justifier cette mesure scandaleuse et illégale :

— Maintenant que nous sommes en guerre contre le plus terrible ennemi que l'humanité ait jamais eu, disaient-ils, il est bien normal que le gouvernement soviétique fasse tout pour assurer ses arrières contre une cinquième colonne…

— Mais toi qui me parles, tu n'es pas un ennemi du régime soviétique !

— Bien sûr, seulement le gouvernement, lui, ne le sait pas !

Un jour, on me notifia, comme à tant d'autres, que je serai « gardé en détention jusqu'à nouvel ordre en vertu de la circulaire numéro 224 ». Je demandai à prendre connaissance de ce document. Le commandant du secteur fut extrêmement surpris. Sur les deux ou trois mille *zeks* dont il avait la charge, et dont un grand nombre était concerné par cette directive, pas un n'avait manifesté le désir de voir ce texte. Pour les détenus comme pour les autorités, c'était une fatalité.

— Quelle idée de vouloir à tout prix voir cette circulaire ! me dit le commandant. Moi-même, je ne l'ai jamais eue entre les mains. Et de toute façon, je ne vous lâcherai pas tant que je n'en aurai pas reçu l'ordre exprès, rédigé en bonne et due forme. Je ne vois pas où est le problème.

Il avait l'air franchement amusé.

Même mon ami Latsis semblait surpris par mon attitude.

Au bout de deux ans, sans explication, j'ai été libéré. Enfin, si l'on peut dire : j'ai été assigné à résidence de l'autre côté des barbelés. Sans autre pièce d'identité qu'une fiche que je devais faire tamponner tous les quinze jours par la police locale. Sur cette fiche figurait une mise en garde : « Si plus de quinze jours se sont écoulés depuis que l'on a apposé le dernier tampon, la présente perd sa validité. Le porteur sera alors considéré comme étant en état de fuite, et poursuivi en justice. » Un succédané de liberté, mais c'était quand même ça ! Quant à Latsis, il attendait toujours son tour. J'avais honte. Pourquoi moi et pas lui ? Allez savoir…

Un an plus tard, tout à fait inopinément, mon ami fut libéré. Mais lui, on lui délivra une carte d'identité en bonne et due forme. Il était donc libre de rentrer chez lui, à Moscou, à sept mille kilomètres de là.

Quant à moi, je fus de nouveau arrêté quelques mois plus tard, et j'en pris cette fois pour vingt-cinq ans.

Je n'avais plus de raison d'avoir honte.

LA MACHINE À LIRE DANS LES PENSÉES

Une voix grinçante fredonne tout bas une mélodie. Très monotone. Toujours la même, des heures durant. C'est Anatoli Pavlovitch, le comptable. Penché sur son grand registre, il y porte, patient, des colonnes et des colonnes de chiffres. Avec une plume qu'il trempe d'un geste posé dans la sempiternelle encre violette. Et il fredonne. Sans arrêt. De temps à autre, il pose son porte-plume pour tourner la manivelle de l'arithmomètre, cette archaïque machine à calculer. Le fredonnement s'arrête. On entend le bruit de la manivelle, sec, péremptoire. Anatoli Pavlovitch jette au résultat un regard rapide, ses doigts jaunis par le tabac reprennent le porte-plume pour inscrire le chiffre affiché. Et le chantonnement reprend, désolant. Je vais devenir fou ! Comment mettre fin à cette torture ? Je me raisonne. Comment puis-je ainsi abuser du mot « torture » ? Comment puis-je me plaindre, alors que je suis confortablement installé dans un bureau, à l'abri, au chaud, bien propre, assis sur une chaise, un porte-plume à la main, moi qui, hier encore, trimbalais du matin au soir des tonnes de charbon, transi, en nage, imprégné de cette fine poussière de charbon qui pénètre par tous les pores de la peau ? Ce privilège, je le dois à Volodia, le responsable des travaux de manutention. Il y a quelques années, nous étions dans le même convoi qui, parti de Moscou, avait voyagé en wagons cellulaires jusqu'au camp de transit de Krasnoïarsk, puis dans la cale d'une péniche jusqu'à Doudinka, au-delà du cercle polaire. Sept mille kilomètres en trois mois. Ce genre d'épreuves rapproche souvent ceux qui les subissent ensemble. Volodia m'avait reconnu parmi les dockers déchargeant les péniches de charbon. Il m'avait trouvé du travail dans le bureau du chantier. Quelle aubaine ! On est fin août, l'hiver commence. Ma tâche est de préparer, au dos de vieux documents, ces formulaires dont la bureaucratie soviétique est si friande, et qui lui font toujours si cruellement défaut.

Mais comment faire pour arrêter ce fredonnement agaçant ? Je trouve un moyen. Avant d'être condamné pour malversation et envoyé au Goulag, Anatoli Pavlovitch était employé à un comptoir d'État en Arctique, où les chasseurs autochtones étaient obligés de vendre leurs fourrures à des prix fixés par le gouvernement. Il connaissait bien la région, ainsi que les coutumes de ces peuples. Pour le faire parler – et donc arrêter son effroyable chantonnement – je l'interroge sans arrêt sur ce sujet (je n'en trouve pas d'autre...). Il répond de bonne grâce. Mais dès qu'il n'a plus rien à dire, il recommence à fredonner. Et moi, je recommence à l'assaillir de questions, toujours sur le même thème. Je manque d'imagination.

Si je ne lui demande pas carrément de cesser de chantonner, c'est pour deux raisons : tout d'abord, Anatoli Pavlovitch a soixante ans, et moi je n'en ai que trente. Il me semblerait impoli de lui faire une remarque (ce sont là de vieux restes de mon éducation pré-goulaguienne dont je ne suis pas encore libéré). Deuxièmement, j'ai déjà appris qu'il ne fallait jamais révéler ses points sensibles, car l'ennemi s'empresserait de s'en servir contre vous ; or, dans cet univers sans merci, tout le monde est votre ennemi, réel ou potentiel. (C'est un des enseignements dispensés par le Goulag.)

L'hiver passe. Et voilà qu'au début du mois de mai, je suis transféré sur ordre du directeur de l'établissement dans une baraque « à régime renforcé ». Sans aucune explication ! Le « régime renforcé », cela veut dire que l'on est affecté aux travaux les plus durs et surtout, après le travail, on est enfermé dans la baraque – grilles aux fenêtres, cadenas à la porte, tinette à l'intérieur – alors que les autres détenus sont libres de se déplacer dans l'enceinte du camp.

Mi-septembre. L'hiver revient. Le manteau de neige recouvrant la toundra devient de plus en plus épais, le vent de plus en plus glacial, de plus en plus mordant. Et voilà que je suis enfin libéré de ce « régime renforcé ». Toujours sans explication. Seul le directeur pourrait me donner le mot de cette énigme. Je demande une entrevue, je l'obtiens. Et, chose encore plus surprenante, il me donne des explications :

— On nous avait signalé que vous aviez l'intention de vous évader. Votre intérêt pour les mœurs des autochtones était suspect. C'est pourquoi nous vous avons fait passer toute la belle saison en lieu sûr.

— Mais c'est impossible de s'évader ici ! dis-je, très surpris.

— Je sais bien. C'est néanmoins au printemps qu'ont lieu toutes les tentatives d'évasion.

— Je n'ai jamais eu l'intention de m'évader !

— Je ne peux pas savoir ce que vous avez dans la tête. Les machines à lire dans les pensées n'existent pas encore !

Pendant une seconde, je regrette presque que ces machines n'existent pas. Peut-être des milliers de victimes innocentes qui n'ont jamais eu la moindre pensée contre le régime soviétique auraient-elles pu être épargnées…

Quant à Anatoli Pavlovitch, je ne lui en veux pas. Ici, tout citoyen qui ne dénonce pas le moindre comportement suspect devient automatiquement un complice. Anatoli Pavlovitch le sait bien. À ses yeux, mon intérêt pour ces populations « incultes » de l'Arctique indiquait clairement que j'avais l'intention de m'évader.

Seulement moi, on ne m'avait pas interrogé là-dessus. À juste titre, d'ailleurs. Peut-on prouver une absence d'intention ?

LE TAS D'ORDURES

Il y a des équipes qui arrivent à atteindre les normes de production, voire à les dépasser. Donc, à toucher 100 % des normes alimentaires, voire davantage. Comment est-ce possible ? C'est soit parce que ces équipes sont constituées de paysans habitués depuis toujours à des travaux de force, et que le Goulag n'a pas encore définitivement broyés, soit parce que leur chef d'équipe sait tricher, pratiquer la fameuse *toufta* en jouant sur la complexité de toutes ces normes, ou qu'il a trouvé le moyen de corrompre le contremaître, le maître d'œuvre, le chef de secteur et tous les autres innombrables représentants de l'employeur, qui contresignent son « rapport sur les travaux exécutés », avant que celui-ci ne soit remis au « préposé aux normes », dont les calculs serviront à établir les rations alimentaires.

Bref, il y a des cas où certains *zeks* ne sont pas affamés, et même jettent aux ordures des restes de nourriture. Des têtes de harengs, par exemple. Et cela attire les fouilleurs d'ordures, bien plus nombreux, hélas, que les jeteurs de têtes de harengs.

Ce n'est pas seulement la faim au sens physique du terme qui pousse un homme à fouiller les ordures. C'est aussi la hantise de la nourriture chez ceux qui ont une longue expérience de la famine.

Il y a deux catégories de fouilleurs : ceux qui, équipés d'une vieille boîte de conserve rouillée avec un peu d'eau, rincent leur butin avant de l'avaler – tout le monde urine sur les tas d'ordures. Les autres se passent de ce rituel. Comme ce vieil universitaire européen, auteur de plusieurs ouvrages philosophiques, que je revois encore aujourd'hui.

Nul ne peut être sûr qu'il ne deviendra jamais un fouilleur d'ordures.

LE PRIX D'UNE BOUCHÉE DE PAIN

— Où as-tu pris ce pain ?

Affolé, les yeux ronds comme ceux d'un poisson, le misérable s'empresse d'avaler ce qu'il a dans la bouche. Il serre dans sa main les restes d'une ration de pain noir, gluant, compact, et s'évertue à déglutir tandis qu'une poigne de fer le prend au collet et le secoue énergiquement. On vient de le tirer de sa cachette, sous le bat-flanc, l'exposant ainsi à la vue de toute la baraque.

Émacié, sale, en guenilles, le malheureux ne réalise pas ce qui va lui arriver. Une seule chose compte pour lui : le goût sublime de ce pain gluant et lourd dans sa bouche et, dans son ventre, la douce pesanteur qui écarte les parois de son estomac, arrêtant ainsi la torture de la faim ne serait-ce qu'un instant.

Il mâche toujours quand les premiers coups tombent. Des coups maladroits, hésitants. Tout le monde connaît la loi : voler la ration de pain d'un autre détenu entraîne un passage à tabac. L'adage le dit clairement : « Celui qui vole la ration de pain pour laquelle on a sué sang et eau sera battu à mort. » On peut tout voler – vêtements, chaussures, soupe, sucre, colis… –, tout, sauf la sacro-sainte ration de pain, la nourriture de base du *zek*. Les anciens disent que, dans le temps, jamais un truand n'aurait volé une ration de pain, même à un cave. Hélas ! les mœurs se sont dégradées depuis. Même dans le monde des truands.

Entouré d'une foule compacte, le voleur de pain est tabassé avec violence, avec haine. Ceux qui n'arrivent pas à l'approcher tendent le bras pour frapper par-dessus la tête des autres. Les gémissements, d'abord geignards, se font déchirants. L'homme est par terre. On le roue de coups. Et ça dure, ça dure… Les hurlements s'arrêtent. On n'entend plus à présent que des chocs sourds accompagnés de « han ! ». Longtemps. Peu à peu, la masse grouillante se disperse. Inerte, informe, le cadavre gît sur le sol. Dans le sang qui coule de sa bouche trempe un morceau de pain.

LE MOINEAU SUR LA FENÊTRE

C'est en décembre 1950, dans la prison du KGB [1] de Krasnoïarsk. En Sibérie. Un moineau vient de se poser sur la « muselière » de la fenêtre de ma cellule. Dans l'argot des prisons, la muselière est le panneau opaque, en bois ou en métal, plus rarement en verre dépoli, fixé à la fenêtre pour empêcher le « locataire » de regarder dehors. La muselière est ajustée de telle façon que l'on ne peut apercevoir qu'une étroite bande de ciel en haut de la fenêtre. On pourrait bien sûr voir un peu plus de ciel en collant sa joue au mur, juste en dessous de la fenêtre. Mais le règlement est formel : il est interdit de s'en approcher. Sinon, c'est le cachot.

Observant donc la distance réglementaire, j'admire ce petit bout d'oiseau qui, insolent, se moque en plein jour du puissant KGB qui me détient dans ses camps et ses prisons depuis déjà treize ans sans jamais m'avoir jugé en bonne et due forme, et qui vient tout

1. Cf. NKVD, p. 20.

juste de me signifier, toujours sans procès, que je suis condamné à vingt-cinq années supplémentaires.

Aussi insouciant qu'effronté, mon petit moineau sautille sur la muselière, gazouille, se lisse consciencieusement les plumes. C'est qu'il est tout noir de suie. Le froid sibérien l'aura sans doute obligé à passer la nuit dans un conduit de cheminée. Cela arrive souvent ici.

Longtemps, j'admire ce petit intrépide. Et lorsque le gardien me lorgne par le judas, je feins de regarder ailleurs. Mais peut-être, dans sa simplicité, ne voit-il rien de suspect dans ce petit oiseau posé sur la muselière.

Finalement, mon visiteur lève la queue, se soulage et s'envole.

Il m'a bien remonté le moral. Et pour longtemps.

VOLODIA BOOK NE VOLAIT PAS

Volodia Book est ici à cause de ses origines hollandaises : Pierre le Grand avait fait venir un de ses aïeux en Russie pour travailler sur ses chantiers navals. Cela a coûté cher à son descendant. Le NKVD, vigilant, ne s'y est pas trompé. Il a su démasquer cet « espion » hollandais.

Bien qu'affublé des mêmes guenilles que nous tous, Volodia parvient presque à rester élégant. Malgré la promiscuité des baraques et la crasse des chantiers, il est aussi propre que possible, et toujours courtois. Quand on lui parle, il regarde son interlocuteur droit dans les yeux avec respect, que ce soit le directeur de l'établissement en personne ou le plus misérable de nos crevards. Aussi affamé que les autres, il n'engloutit pas sa maigre ration avec la même avidité que nous. Lui, il mange posément, je dirais même dignement.

Mais ce qu'il a de plus extraordinaire, c'est qu'il ne vole pas. Jamais. Alors que le vol, surtout le vol de nourriture, est considéré comme normal dans un camp, où tous sont soumis au régime d'une famine implacable. C'est déjà beaucoup si, théoriquement, personne n'est « autorisé » à voler la sacro-sainte ration de pain d'un autre prisonnier. Mais c'est bien le seul interdit. Pour le reste… On estime que les détenus affamés ont le droit moral de se servir dès que c'est matériellement possible, et qu'il s'agit des biens publics. Par exemple, on « trébuche » en déchargeant des caisses de pâtes. La caisse tombe et se disloque. En un clin d'œil, les copains avertis remplissent leurs poches. On fera cuire les pâtes plus tard, après le travail, si on arrive à les introduire en fraude dans la baraque. Ou bien, quand on transporte des sacs de farine, on fait un trou dans la toile et on remplit une boîte de conserve vide. Plus tard, on mélangera ça avec de l'eau pour en faire des boulettes qu'on avalera toutes crues, ou peut-être s'accordera-t-on le luxe de les cuire. Bien sûr, les contrôles sont fréquents, et ces exploits ne sont pas toujours faciles. Mais dès qu'une occasion se présente, pas question de la louper !

Volodia, lui, refuse toujours de participer à ces vols. Cela pourrait nous le rendre suspect, mais on le connaît bien, on a confiance en lui.

Huit ans plus tard, alors que j'avais perdu Volodia de vue depuis longtemps, le hasard des transferts m'a mis en présence d'un détenu qui m'a donné de ses nouvelles. J'ai appris qu'il se portait bien. Qu'il n'avait pas changé. Manifestement, le système n'avait aucune prise sur lui. C'est rarissime, car le Goulag apprend à ses pensionnaires que « ce n'est pas le travail qui nourrit, c'est la combine », et que « nul ne survit sans tricher et voler ».

Le Goulag n'avait pas réussi à « rééduquer » Volodia Book.

UN TYPE BIEN

Il roule sa cigarettc dans un bout de papier journal et prend un tison dans le feu pour l'allumer. Ses doigts, énormes et calleux, ne sentent pas la brûlure. Stéphane Loukitch tire sur sa cigarette. Il n'y a pas de contremaître en vue, ni de chef d'équipe. Personne pour nous surveiller et nous talonner. Nous nous installons confortablement sur des troncs d'arbres, près du feu. Les travaux de terrassement auxquels nous sommes affectés attendront.

Stéphane Loukitch se souvient du temps où il était débardeur à Saratov, sur la Volga. Comme toujours, Macha, sa femme, est présente dans son récit. Elle est un peu simplette, cette Macha. Mais quel dévouement ! Elle n'approuvait pas du tout l'adhésion de Stéphane au Parti, et pourtant jamais elle ne lui en avait fait le moindre reproche. Elle n'avait rien dit non plus lorsqu'il avait été nommé président de l'Association des militants athées. C'est grâce à ces activités qu'il était devenu ensuite directeur du département de l'Éducation nationale de la région. Fini, le salissant travail de prolo !

Malheureusement, il y a eu la terrible année 1937, celle de la Grande Purge. À la suite d'un procès truqué, Stéphane en a pris pour quinze ans de travaux forcés, et il a été englouti par le Goulag, comme des millions d'autres.

Sa famille a été immédiatement expulsée de leur bel appartement. Macha, qui n'avait aucune formation, a dû gagner sa vie comme femme de ménage. Et il lui fallait, en plus, dissimuler qu'elle était la femme d'un « ennemi du peuple ». Leurs deux enfants ont été exclus des Jeunesses communistes et, par conséquent, de l'université.

Quand j'avais fait la connaissance de Stéphane, en 1939, dans la prison de transit de Viatka, c'était un homme brisé.

J'étais resté ensuite des années sans le revoir. Et voilà qu'en 1952, le hasard des transferts nous avait de nouveau réunis dans une cellule de la prison centrale d'Alexandrovsk, près du lac Baïkal.

Il avait bonne mine. Sa fidèle Macha lui envoyait régulièrement des mandats lui permettant d'améliorer son ordinaire de prisonnier. Sa peine touchait à son terme, il allait bientôt être libéré. Et il faisait déjà des projets.

— Comme tous les politiques, je n'aurai pas le droit de rentrer chez moi, en Russie européenne ; je serai assigné à résidence quelque part au fond de la Sibérie orientale. Mais formellement, je serai libre, je gagnerai bien ma vie. Je mangerai mieux et, par conséquent, le problème de ma vie sexuelle va se poser. Eh bien, je prendrai une femme. J'ai cinquante-huit ans, ce sera ma dernière chance.

— Tu vas tromper Macha ?

— Pas du tout ! Je lui écrirai immédiatement qu'elle n'attende pas pour rien. Je suis un type bien, moi !

LE BONHEUR PARTAGÉ

Le colonel Armster avait été incarcéré dans la prison de Moabit, à Berlin, à la suite de l'attentat manqué contre Hitler du 20 juillet 1944. Les généraux contre lesquels on avait trouvé des preuves accablantes avaient tous été exécutés. Le colonel Armster, ainsi que quelques autres, avaient, eux, échappé à la peine capitale faute de preuves. C'est pourquoi ils étaient en vie quand l'Armée rouge avait libéré Berlin en mai 1945.

J'ignore ce qui s'était passé ensuite. Toujours est-il qu'un jour de juin 1955, me voilà juste derrière le colonel Armster, la gamelle à la main, en train de faire la queue pour la lavasse de midi dans notre cellule de la prison d'Alexandrovsk, en Sibérie orientale. Comme nous tous, le colonel est maigre, tondu et affublé d'un pyjama zébré. Nous sommes une trentaine à attendre devant la porte, qui reste fermée. Seul le guichet est ouvert : son battant bascule à l'horizontale à l'extérieur de la cellule, ce qui permet d'y poser sa gamelle. La serveuse, dans le couloir, la prend alors de sa main gauche, protégée par un gant d'une propreté douteuse et, après avoir énergiquement remué le contenu du baquet avec la louche qu'elle tient dans sa main droite, verse la ration de soupe dans la gamelle qu'elle repose sur le battant. L'intéressé la prend alors religieusement dans ses deux mains au risque de se brûler les doigts, car les gamelles sont en aluminium, et il s'éloigne, solennel. La serveuse a largement dépassé la trentaine, elle n'est pas belle, elle n'est pas maquillée. Son expression n'a rien de méchant. Elle fait son travail, tout simplement. Nous lui sommes reconnaissants parce qu'elle se donne la peine de bien remuer le contenu du baquet : la soupe est très liquide, tout ce qu'il peut y avoir de solide repose au fond – fragments d'arêtes si c'est de la soupe au poisson, bouts de nerfs ou de ligaments si c'est de la viande. Notre serveuse est caporal-chef dans les troupes du NKVD, mais elle n'arbore jamais son uniforme, elle est habillée comme une simple paysanne russe. Ses supérieurs tolèrent cette entorse au règlement – nous sommes à sept mille kilomètres de Moscou. Entre nous, nous l'appelons affectueusement « Macha ».

Les gestes de Macha sont précis et rapides. La file devant le guichet avance vite. C'est bientôt le tour du colonel Armster. Nous interrompons notre conversation en français sur les trésors du fameux musée ethnographique de Berlin. Le colonel passe sa gamelle à Macha, se penche et lui dit très poliment : « *Kartoffel !* »

Depuis onze ans qu'il est enfermé dans les prisons soviétiques, il ne parle toujours pas la langue de Pouchkine et de Lénine. Mais il se trouve qu'en russe, « pomme de terre » se dit, comme en allemand, *kartoffel*. Par-dessus l'épaule du colonel, je surprends le sourire désarmant de Macha, elle esquisse un geste d'impuissance, comme pour s'excuser (le règlement interdit au personnel d'adresser la parole aux prisonniers, sinon pour leur donner des ordres).

Avant de s'éloigner avec sa gamelle, le colonel se tourne vers moi, radieux, presque triomphant : « Si elle en avait eu, elle m'en aurait donné ! »

Je suis touché qu'il partage son bonheur avec moi.

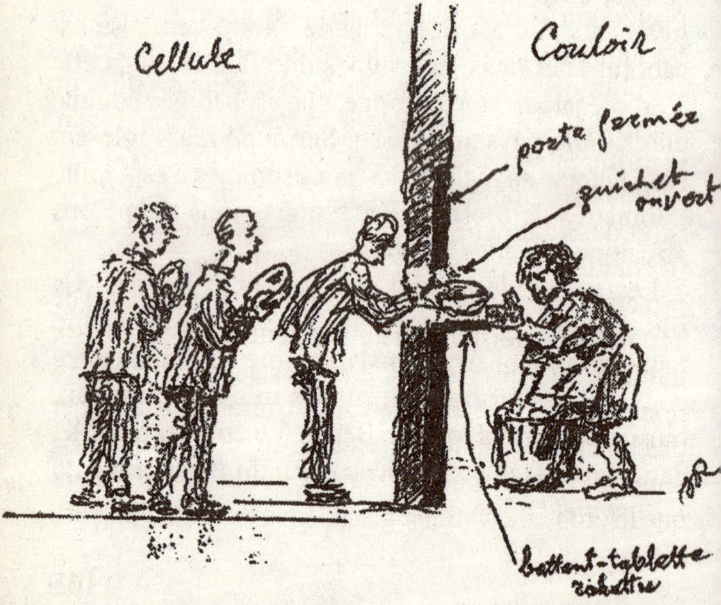

AH, LES FILLES !

Notre convoi a quitté la prison centrale d'Alexandrovsk, près du lac Baïkal, pour une destination inconnue. Comme toujours. Et nous voilà maintenant en transit dans la prison d'Irkoutsk. Nous sommes une vingtaine dans cette cellule : quelques Autrichiens, un Allemand, un très vieux marchand de Moukden, un professeur d'économie également général du Kuomintang nommé Wang Tsié-fou, plusieurs individus mi-politiques, mi-délinquants, dont en particulier un récidiviste qui a passé presque toute sa vie en prison, et enfin, le jeune fils d'un patriote ukrainien.

Nous sommes en février 1956, trois ans après la mort de Staline. Les Autrichiens et l'Allemand sont persuadés qu'on les envoie vers l'ouest pour les remettre entre les mains des Alliés. Le marchand de Moukden, énorme dans sa longue robe chinoise, garde le silence. Quant à Wang Tsié-fou, son ami, il nous garantit que la juste cause finira par triompher des bolcheviks, mais il ne sait ni où, ni comment. Le jeune Ukrainien, pour sa part, ne doute pas un instant que le problème ukrainien soit la clé de toute l'histoire mondiale, et que l'Ukraine va bientôt retrouver son indépendance. Les politico-délinquants, eux, ne croient en rien ni en personne.

Mais il y a une chose qui intéresse tout le monde, ici, à part le marchand de Moukden, ce sont les filles de la cellule voisine. Ce sont toutes des délinquantes. Nous arrivons à leur parler par la fenêtre. Le récidiviste leur chante à voix basse des romances sentimentales. Elles manifestent leur plaisir en tapant sur le mur.

Dans les prisons de transit comme celle-ci, il règne un certain laisser-aller. Les inscriptions, les dessins restent parfois très longtemps sur les murs sans être effacés. Le général du Kuomintang, un habitué des prisons russes, attire mon attention sur un de ces dessins obscènes, une femme représentée jambes écartées, avec des détails d'une grande précision.

On instaure des liens téléphoniques – sans fil – avec la cellule des filles. C'est très simple. Pour parler, on applique le fond de son gobelet contre le mur, et on colle sa bouche sur l'ouverture. De l'autre côté, pour entendre, on fait le contraire : l'ouverture contre le mur, l'oreille collée au fond du gobelet. Ce n'est pas exactement de la stéréophonie, mais on arrive à se comprendre. En revanche, le gardien, dans le couloir, ne peut rien entendre. D'autant qu'ici, au lieu du silence habituel aux prisons (le règlement stipule qu'il est interdit de rompre le silence carcéral), il y a un brouhaha perpétuel à cause des allées et venues incessantes dans les couloirs.

Des relations intimes finissent par se nouer de part et d'autre du mur. Les Autrichiens de notre cellule reçoivent des colis de l'étranger, et les friandises exotiques qu'ils ont fait passer à nos voisines ont peut-être porté leurs fruits. Chacun trouve sa chacune.

Un jour, une fille annonce à son partenaire qu'elle a réussi à arracher un des pieds métalliques de sa couchette. Elle entreprend de creuser un trou dans le mur. Évidemment, l'instrument n'est pas vraiment adapté à cet usage, surtout que la prison, qui date je crois du début du siècle, est plutôt solide, mais en se relayant, et grâce au bruit ambiant, les filles peuvent travailler des heures d'affilée. Et finalement... Finalement, au bout de plusieurs jours, le pied de la couchette traverse le mur.

Nos garçons s'en emparent fébrilement et s'attellent à leur tour à la tâche. Ils élargissent le trou. On peut déjà se serrer la main... Les choses vont bon train ; à ce rythme, on va bientôt pouvoir passer d'une cellule à l'autre ! Les gardiens qui viennent nous compter deux fois par jour n'y voient que du feu. Pour apercevoir le trou, il faudrait qu'ils songent à regarder sous les bat-flanc.

L'atmosphère devient de plus en plus électrique. Seul le marchand de Moukden reste impavide. On dirait une statue. Quand j'entame la conversation avec lui, histoire de rafraîchir mon chinois, il ne fait jamais la moindre allusion à l'opération en cours : il n'est au courant de rien. Dans son univers, comme au Goulag, tout le monde observe les trois règles sacro-saintes – « Ne rien voir, ne rien dire, ne rien entendre » – que les Japonais symbolisent par trois singes : le premier se cache les yeux, le deuxième la bouche, le troisième les oreilles. Je me souviens encore de cette statuette en ivoire posée sur la console Louis XV de notre salon, elle me fascinait quand j'étais gosse. En Union soviétique, la phrase la plus insignifiante peut toujours être transformée en un piège mortel.

Le professeur Wang Tsié-fou, en revanche, est de plus en plus excité. En prison depuis dix ans, il n'a pas souvent l'occasion de rencontrer des femmes. Or visiblement, elles ne le laissent pas indifférent. Mais il est aussi très inquiet. Tout finira sûrement par être découvert, et l'affaire pourrait avoir de graves conséquences.

Nous suivons tous de près le déroulement des opérations. Même ceux qui ne creusent pas et « ne voient rien » savent exactement où on en est : le trou s'est agrandi, on peut se toucher, apercevoir des visages… Leur tâche quotidienne accomplie, nos travailleurs se lavent soigneusement les mains pour ne pas attirer l'attention des gardiens.

Un jour, le trou prend de telles proportions qu'à coup sûr, demain, nous allons enfin pouvoir vraiment « fraterniser »…

Hélas ! Le soir même, après le signal du coucher, un officier entre dans la cellule, suivi de deux gardiens. Ils se dirigent droit vers le trou, nous ordonnent de rassembler nos affaires et nous éparpillent dans différentes cellules.

Voilà. À la dernière seconde, tout a foiré.

Nous échapperons pourtant au cachot. Grâce au ciel, l'ordre de transfert est déjà arrivé…

UNE AUTRE PLANÈTE

Ramenés dans notre baraque après dix ou douze heures de travail, nous avalons notre lavasse, la fameuse soupe du Goulag. Éreintés, nous nous affalons sur les planches des bat-flanc. Serrés les uns contre les autres comme des harengs dans leur caque, nous nous endormons immédiatement.

Infatigable, le haut-parleur distille de sa voix éraillée la bonne parole de Moscou. L'agence Tass égrène les nouvelles de l'étranger : dans tel pays, la police a dispersé avec une brutalité inouïe une pacifique manifestation de travailleurs. Dans tel autre, une inondation a emporté des villages entiers, tuant des centaines de paysans pauvres. Ailleurs, la justice de classe, aux ordres du Capital, a condamné d'innocents ouvriers à des peines de trois, voire quatre ans de prison ferme !

Dans la baraque, ceux qui ne dorment pas encore écoutent sans même songer à faire un parallèle avec leur propre situation. Sur les cent cinquante détenus enfermés ici, pas un seul n'a écopé de moins de dix ans de travaux forcés. Beaucoup en ont pris pour quinze ou vingt ans. Sur des accusations fabriquées de toutes pièces. Et par-dessus le marché, nous avons presque tous été condamnés, non par un tribunal, mais en vertu d'un simple arrêté administratif. Ces victimes de la « justice de classe », et même la speakerine qui parle à Moscou, pour nous, c'est une autre planète !

Nous sommes en 1940. Douze ans plus tôt, dans la Pologne de Pilsudski, jeune militant communiste, j'avais eu à répondre de mes activités clandestines devant la justice capitaliste... Débats contradictoires, avocats, plaidoiries, témoins à décharge, quarante kilos de tracts illégaux comme pièce à conviction et... une peine de neuf mois de prison ferme. Était-ce réellement arrivé ? Aujourd'hui, dans ma baraque du Goulag, je n'arrive pas à y croire. C'est une autre planète.

Seize ans se sont écoulés. Nous sommes en 1956, au tout début de la timide déstalinisation de Khrouchtchev. Me voilà devant le portail de l'ambassade de France à Moscou. Deux robustes policiers soviétiques me barrent le chemin. Poliment, l'un d'eux me demande :

— Où allez-vous ?

— À l'ambassade de mon pays.

— Vos papiers, s'il vous plaît !

Je lui montre la lettre que m'a envoyée le consul général, rédigée en français et en russe. Une note à l'intention des autorités soviétiques les prie de bien vouloir assister le porteur de la lettre, citoyen français, dans ses démarches en vue de son rapatriement.

— Bon, dit le policier. Mon camarade va téléphoner pour savoir si Monsieur l'ambassadeur peut vous recevoir.

Toujours poli, il me pousse doucement dans la ruelle qui longe la façade latérale de l'ambassade, hors de la vue des passants. Pendant que l'autre « se met en rapport avec l'ambassadeur », il me surveille. Cela dure longtemps. Peut-être ne trouve-t-il pas de cabine ? Mon gardien s'étant écarté un instant, j'escalade prestement la grille et je tombe dans la neige, de l'autre côté. Me voilà en territoire français ! Pour la première fois depuis vingt années… Et quelles années !

Je fonce vers le bâtiment de l'ambassade, j'ouvre une porte. Et je me retrouve dans un autre monde. Sur une autre planète. Une pièce élégante, un parquet bien ciré, un beau tapis oriental, des plantes vertes, une table basse jonchée de journaux et de magazines français, les premiers que je vois depuis vingt ans ! Quel papier luxueux ! Comme c'est bien imprimé ! Voilà *Le Temps*… non, les caractères familiers composent un autre mot : *Le Monde*.

— Monsieur, vous allez répandre de la neige sur mes parquets ! me dit une élégante jeune femme, un arrosoir à la main.

Abasourdie par mon intrusion inattendue, elle reprend peu à peu ses esprits. J'entends ma langue maternelle, parlée par une Française. Quelle musique délicieuse, quelle émotion…

Pour cette charmante épouse de diplomate, j'étais un extraterrestre venu d'une autre planète[1]…

1. Les réalités soviétiques étant ce qu'elles étaient, ce n'est que bien des années plus tard que je pus retourner en France.

VINGT ANS APRÈS

Il y a déjà bien longtemps que j'ai été libéré. Je me promène dans Varsovie. C'est dimanche, il fait beau. Je passe près d'un marché. La rue grouille de monde. Deux hommes me dépassent. L'un d'eux serre dans ses bras une cartouche de cigarettes entamée qui risque de glisser par terre. Il y a quelque chose de bizarre dans leur accoutrement. Je les examine plus attentivement. Ils sont bruns, basanés. Et un peu éméchés. Celui qui tient la cartouche surprend mon regard.

— Pourriez-vous me faire la monnaie d'un billet de cinq cents ? demande-t-il en agitant un billet qu'il tient entre ses doigts.

Tiens, il a un drôle d'accent. D'où peut-il être ? Je sors mon portefeuille et commence à compter mes billets de cent zlotys. Nous marchons de front. L'homme me présente la cartouche de cigarettes.

— Vous en voulez une ?

— Non merci, je ne fume pas.

— Alors vous devez être un sacré buveur ! Vous avez les mains qui tremblent.

— Raté ! Je ne bois pas. Si mes mains tremblent comme ça, c'est que j'ai passé beaucoup trop de temps en prison.

L'homme s'anime :

— Quelle prison ?

— Boutyrka.

— Moi, c'était la Taganka[1] !

Je lui tends cinq billets de cent.

— Tenez, voilà !

— Non merci ! Vous n'avez que des billets de cent, nous, on a besoin de coupures plus petites.

Là-dessus, ils s'éloignent.

Manifestement, ils voulaient me refiler un faux billet de cinq cents, mais ils ont renoncé…

Quelle drôle d'histoire ! Deux étrangers se rencontrent dans les rues d'une ville, dans un pays qui n'est pas le leur, ils se présentent en citant chacun « sa » prison de Moscou, sur quoi l'un des deux abandonne son projet d'arnaquer l'autre.

Il n'y a pas à dire, la solidarité, cela existe ! Goulaguiens de tous les pays…

1. Prison de Moscou. À ne pas confondre avec le fameux théâtre du même nom !

LES JAPONAIS

— Halte !

J'obtempère. Je me trouve à la hauteur d'une porte, dans un long couloir. Elle est grise. Comme toutes les autres. Dessus, à la peinture noire, le numéro 48. Le maton de couloir s'approche de celui qui m'escorte, sans s'intéresser à mon humble personne. Il jette un coup d'œil rapide sur la fiche que l'autre lui tend, puis ouvre l'un après l'autre les deux énormes cadenas, introduit sa grosse clé dans la serrure, la tourne deux fois, tire la porte, me fait franchir le seuil et referme aussitôt.

En face de moi, une grande cellule. Derrière, le bruit des deux cadenas que l'on remet en place et le grincement de la clé dans la serrure. Puis c'est le silence. Une trentaine de visages sont tournés vers moi. Des Orientaux. La plupart sont assis en tailleur sur leur lit, tous vêtus d'un piètre pyjama rayé. Le même que celui dont on m'a affublé à mon arrivée dans l'établissement, il y a quinze jours. Tous ces hommes sont très maigres. Manifestement, ils sont réduits à la seule ration fournie par la prison. Sans plus. Et ceci depuis bien longtemps. Je connais, je suis dans la même situation.

Seulement ici, je suis immédiatement frappé par quelque chose de tout à fait insolite : la dignité des regards.

Dans ces yeux, pas trace de cette expression de chacal affamé si caractéristique de la plupart des crève-la-faim du Goulag.

Telle est la première image que j'ai gardée des Japonais.

C'était en 1949, à la prison centrale d'Alexandrovsk. À l'époque, j'avais déjà douze ans de Goulag derrière moi, douze années de cette crasse poisseuse, toute pétrie de mensonges, d'iniquités, de déceptions, d'humiliations, de provocations, d'arrogance, de perversion, d'hypocrisie, de faim, de froid et de terreur… Des épreuves d'autant plus douloureuses pour moi qu'elles m'étaient infligées par des communistes russes, « purs » et « authentiques » entre tous, ceux-là mêmes qui portaient aux quatre coins du monde la flamme du marxisme-léninisme. Et moi, jeune communiste français, j'avais été si fier de participer à cette tâche glorieuse ! Dans mon enthousiasme, j'étais prêt à payer le prix. Hélas ! Ce prix, ce n'était pas « l'ennemi », mais « l'ami » qui me le faisait payer.

Et voilà que dans cette cellule de Japonais, des officiers de l'armée impériale, pour la première fois depuis tant d'années, j'avais l'impression de respirer un bol d'air frais.

Quelle ne fut pas ma surprise lorsque j'appris plus tard qu'en m'enfermant avec des « macaques orientaux », le commissaire de la prison avait cru m'humilier et me punir… Je dois dire que je me suis bien gardé de le détromper !

Par la suite, de 1949 à 1956, il m'arriva souvent, au hasard des transferts, de me retrouver parmi les Japonais. Leur civilité, leur discipline et leur propreté détonnaient tellement dans cet univers sordide que chacune de ces rencontres était pour moi une bouffée d'air pur, un lever de soleil calme et serein.

Pour des raisons que j'ignore, les autorités soviétiques avaient décidé de ne pas mêler les officiers japonais à la masse des prisonniers du Goulag. Peut-être est-ce une des raisons pour lesquelles ils avaient réussi à sauvegarder leur intégrité et leur culture, des valeurs que le Goulag a justement pour mission de détruire.

La plupart de mes compagnons japonais parlaient uniquement leur langue que, moi, j'ignorais. Je garde pourtant un très agréable souvenir de mes enrichissantes conversations (en anglais) avec le prince Konoe Fumitaka, fils de l'ex-Premier ministre. C'est ici que j'ai rencontré Misao, le futur professeur Gosuke Uchimura. Nous parlions tantôt en russe, tantôt en chinois ou en anglais.

En 1952 ou 1953, les autorités soviétiques s'avisèrent qu'en traitant leurs prisonniers japonais un peu plus humainement, elles pourraient en tirer quelques avantages politiques. Ils furent alors autorisés à correspondre avec leur famille au Japon, pour la première fois depuis sept ou huit ans.

La chaleur que lui apportaient les lettres de sa femme Hamako, Misao la partageait généreusement avec moi qui, depuis quinze ans déjà, n'avais plus aucune nouvelle du monde extérieur. Peu à peu, dans ces brefs messages atrocement limités par les contraintes de la censure, Hamako se risqua à glisser : « Salue ton ami de ma part. » Chaque fois, j'avais l'impression d'être effleuré par un souffle d'air frais venu du monde libre et traversant les murs épais de ma prison.

Je lui en suis toujours reconnaissant. Depuis, Misao et sa famille sont restés mes amis. Pour Manami et Rurika, leurs enfants, je suis « l'oncle Jacques ».

Curieusement, pendant tout mon séjour au Goulag, c'est avec les Japonais que je me sentais le moins loin de la France et de sa culture, dont j'étais alors séparé par douze mille kilomètres, et surtout par douze années de Goulag…

FISTON !

Moscou, 1937. La terreur stalinienne bat son plein. Nous sommes plus de quatre-vingts dans une cellule pour vingt-cinq. On est en août. On suffoque. Plus une goutte dans notre grande bouilloire. La distribution d'eau se fait à heures fixes, et nous avons déjà été servis. Les sages de la cellule se penchent sur un problème épineux : comment s'y prendre pour demander de l'eau sans que cette démarche puisse être interprétée comme une manifestation de mécontentement et, qui plus est, de mécontentement collectif – chose très grave. Et comment s'adresser au gardien, un simple deuxième classe, il est vrai, mais qui représente ici le pouvoir soviétique, et donc Staline ? Il faut dire que nos sages étaient tous, jusqu'au jour de leur arrestation, de grands pontes du Parti, des piliers du régime. Surpris par leur incompréhensible aventure, ils protestent toujours de leur fidélité sans faille au léninisme-stalinisme. Ils s'obstinent à vouloir croire qu'il s'agit, dans leur cas, d'une regrettable erreur qui sera bientôt élucidée. Et qu'ils seront très vite rétablis dans leurs importantes fonctions. Il y a parmi eux un ex-directeur de département au Comité central, un P-DG de houillères, un ex-général de division blindée, un ex-professeur de marxisme-léninisme de l'École supérieure du Parti… Et j'en passe.

Un vieil ouvrier à cheveux blancs, le seul prolétaire de notre cellule, s'extrait de dessous les bat-flanc. C'est là que, faute de place, dorment la moitié des détenus. Il se dirige vers la tinette. Tout en se soulageant, il surprend les savantes discussions des sages. Même s'il ne comprend pas bien leur langage, il saisit le sens général du débat. Et le voilà qui prend la bouilloire sans mot dire. Il cogne résolument à la porte. Le gardien ouvre le guichet.

— Qu'y a-t-il ?

Le vieil ouvrier lui montre la bouilloire, trop grosse pour passer par le guichet, et dit d'un ton parfaitement naturel :

— Va nous chercher de l'eau, fiston !

Quelques minutes plus tard, on entend le gardien poser la bouilloire par terre. Il ouvre la porte.

— Tenez !

Une queue d'assoiffés se forme aussitôt. Avec les sages en tête.

IÉJOV

Je connaissais son nom bien avant mon arrestation à Moscou en 1937. C'était le ministre de l'Intérieur de l'URSS ou, plus précisément, le commissaire du Peuple à l'Intérieur, comme cela s'appelait à l'époque. Tous les jours, la presse louait ses mérites dans la lutte sans merci contre les ennemis du peuple, cette abjecte vermine contre-révolutionnaire qui s'acharnait à freiner notre marche vers les lendemains qui chantent. Je me souvenais des dessins de Boris Iéfimov montrant « Iéjov, le ministre stalinien », pourfendant cette racaille. L'un de ces dessins représentait l'ennemi du peuple étranglé par un poing puissant ganté de peau de hérisson (*iéj* signifie « hérisson » en russe). Chaque jour, les journaux nous apprenaient le nom des nouveaux traîtres venant d'être démasqués.

Nous étions une bande de jeunes communistes étrangers, dans une datcha près de Moscou. Tous convaincus que seule la révolution communiste saurait instaurer le règne de la justice sociale dans le monde entier. En suivant la voie tracée par Lénine et par son génial et infaillible continuateur, Staline. Ne disait-on pas : « Staline, c'est le Lénine d'aujourd'hui » ? Pourtant, parmi nous, deux ou trois camarades n'arrivaient pas à comprendre comment Zinoviev, le fidèle compagnon de Lénine, le brillant et dévoué dirigeant du Komintern, avait pu trahir. Ils ont très vite disparu. Sans laisser de trace. Personne n'a plus jamais entendu parler d'eux.

Peu après, me voilà dans la prison de Boutyrka. J'étais nerveux, mais profondément convaincu que l'erreur allait être élucidée… Cette « erreur » s'est prolongée pendant plus de vingt ans, ce qui m'a permis de comprendre, entre autres, que Iéjov n'était pas le noble pourfendeur d'une hypothétique vermine, mais un tortionnaire cynique et cruel. Pire encore, qu'il l'était sur ordre de Staline, au nom du marxisme-léninisme, mon idéal.

Après avoir sévi à peine deux ans et fait massacrer des millions de personnes, le plus souvent innocentes des crimes pour lesquels on les avait condamnées, Iéjov disparaîtra sans procès. Lui, et des centaines de ses collaborateurs. Un phénomène bien connu au pays des soviets : « la liquidation des liquidateurs ». Les témoins embarrassants doivent disparaître. C'est une règle immuable. Iéjov le savait probablement. Mais il savait aussi qu'il n'avait pas d'issue.

Des années plus tard, quelque part en Sibérie, au hasard des transferts de prisonniers, je me retrouverai dans la même cellule qu'un homme qui, enfant, avait fréquenté la même école que Iéjov. Arrivé à Moscou de sa province au début des années trente, il était allé trouver son ancien camarade de classe, devenu déjà un important cadre du Parti. Iéjov l'avait cordialement reçu, il lui avait trouvé un bon poste, ainsi qu'à sa femme et, mieux encore, il leur avait obtenu un bel appartement, privilège rarissime. Il n'était pas encore ministre de Staline.

LA LÉGALITÉ SOCIALISTE

Durant les soixante-treize ans de dictature communiste en Russie, il n'était jamais question de *légalité* tout court. Seule la légalité *socialiste* avait droit de cité [1].

Nous sommes en 1937. En pleine terreur stalinienne. Près d'un million d'hommes et de femmes sont exécutés. Tous après un simulacre de procès expéditif, la plupart du temps à huis clos. Une instruction secrète du Parti stipule que les prévenus doivent être jugés et condamnés après avoir obligatoirement avoué des crimes qu'ils n'ont pas commis. Le recours à la torture est donc légal. Mais le Parti ne s'occupe que des cas graves, d'importance nationale. Il ne se penche pas sur des broutilles.

Lors d'une fouille de routine, un surveillant découvre dans mes affaires les restes de ma ration de

1. Après la timide tentative pour condamner le « culte de la personnalité » de Staline, le journal *La Vie du Parti* (1957/4) a publié : « Mesures de renforcement de la *légalité* et du strict respect des droits du citoyen. » C'est l'unique cas où, sous la dictature communiste russe, il a été question de *légalité* tout court. Cela n'a pas duré longtemps…

pain découpée en tranches. Il dresse un procès-verbal qu'il me demande de signer, dans lequel il est question de tranches coupées *au couteau*. Je refuse. Je me suis servi du manche de ma cuillère. Je n'ignore pas qu'il est interdit aux détenus de posséder des couteaux. Le surveillant est visiblement surpris par mon refus. Il sait bien qu'on extorque des signatures sous la torture pour des questions bien plus graves. Que cela est conforme aux instructions du Parti. Mais y a-t-il des instructions pour des broutilles pareilles ? Or, sans la signature du contrevenant, pas de rapport. Et donc, pas de punition.

C'est ainsi que, pour des raisons purement formelles, alors que l'on fusillait des gens par milliers, moi, j'ai échappé cette fois-là au cachot.

LES VOIES DU SEIGNEUR...

Une lumière brutale blesse mes pupilles. Un grand fracas. Difficilement, je m'arrache au sommeil. Tout le monde se lève en pleine nuit. On démonte les « avions[1] ». C'est soit une fouille, soit une « dispersion de cellule ». Pour éviter que des amitiés se nouent (l'union fait la force !), l'administration procède régulièrement à de nouvelles répartitions de prisonniers dans les cellules. Pour moi, c'est encore une nouveauté. Mes voisins, eux, comprennent de quoi il retourne.

Alors que j'émerge de mon coin à même le sol, sous les bat-flanc, en me cognant contre mes voisins, mon regard tombe sur Lago-Ozerov. À moitié endormi, il enroule un long fil autour de son gland dans le vague espoir de le dissimuler lors de la fouille. Je suis frappé par sa dignité naturelle dans une situation aussi saugrenue. Hier encore, il me replongeait dans

1. Les « avions » sont des panneaux constitués de trois planches qu'on installe pour la nuit, dans les cellules surpeuplées, entre deux rangées de bat-flanc fixés aux murs, de façon à coucher plus de monde.

l'atmosphère de Paris en me racontant l'histoire d'une fille qu'il avait sauvée du suicide sur le Pont-Neuf, en pleine nuit… Ce fil, cela fait deux jours qu'il le fabrique patiemment en défilant ses chaussettes, ses belles chaussettes de Paris. Il en a besoin pour attacher son pantalon, dont tous les boutons ont été coupés à son arrivée en prison, conformément au règlement.

Quelques minutes plus tard, le guichet s'ouvre, dix noms sont appelés à voix basse. Bon, ce n'est pas une fouille, c'est donc une « dispersion de cellule ». Sinon, on nous aurait fait sortir tous à la fois. Le guichet se referme, la porte s'ouvre, les dix sortent en silence. Même scénario, plusieurs fois de suite. Moi, je fais partie du dernier groupe. Lago-Ozerov aussi. Dès que la porte s'est refermée derrière nous, un des trois gardiens, une fiche à la main, fait l'appel de nos dix noms à voix basse. Une fois assuré de notre identité, il nous ordonne de « suivre en avant » (*sic !*) le long du couloir. De temps en temps, nous entendons derrière nous ses ordres brefs : « À gauche ! », « À droite ! », « Halte ! » Tous les quelques mètres, nous devons nous arrêter pour franchir une nouvelle grille. Puis ce sont des escaliers, encore des couloirs. Nous voilà dans un autre quartier, devant la porte d'une cellule. Le surveillant vérifie la fiche que lui tend le gardien qui nous a conduits jusqu'ici. Il nous fait entrer.

Notre arrivée réveille les occupants. Seul le « staroste [1] », tout endormi, se lève. Il nous assigne des

1. Responsable de la cellule.

places à même le sol, sous les bat-flanc, les seules disponibles. Les hommes s'écartent en maugréant dans leur sommeil. Chacun finit par faire son trou. On s'endort. À peine endormis, c'est l'heure du lever. On fait connaissance avec les « indigènes ». Tout comme nous, les « intrus », ils ont soif de nouvelles (aucun journal ne pénètre dans la prison), ainsi que d'informations concernant des personnes éventuellement impliquées dans la même affaire qu'eux. L'administration de la prison de Boutyrka est tenue de déployer des trésors d'ingéniosité afin d'éviter ce genre de rencontre.

Puis vient l'heure de la distribution de la ration de pain et des deux morceaux de sucre quotidiens. Silence religieux. Ensuite, les conversations reprennent, toujours à voix basse. Je distingue dans la foule un bel homme de type oriental. Ses vêtements très élégants sont usés. De toute évidence, cela fait des années qu'il traîne sur les planches des bat-flanc. C'est Rachid, un homme affable. Un Afghan qui a obtenu l'asile politique en Union soviétique. Sans être communiste, il était dans l'opposition au roi Zaher Chah. Au milieu de cette foule de gens abasourdis par le malheur qui leur est tombé sur la tête, il est très détaché : cette horrible tragédie touche la Russie, pas son pays. Il est loin de se douter qu'un demi-siècle plus tard, Moscou, après avoir imposé son régime à presque tous les pays limitrophes, se tournerait contre l'Afghanistan. N'ayant pas réussi à le coloniser, elle finira par se retirer, non sans l'avoir mis à feu et à sang. Sa mésaventure personnelle,

Rachid la prend avec philosophie. Il est ici depuis déjà cinq ans. Lago-Ozerov m'expliquera plus tard que le NKVD garde parfois « en réserve » pendant des années ceux dont il pense pouvoir se servir un jour pour concocter une provocation politiquement « intéressante ». En effet, treize ans plus tard, je rencontrerai à l'autre bout de l'immense empire du Goulag le prince Konoe Fumitaka, fils de l'ancien Premier ministre japonais [1]. Après l'avoir gardé sept ou huit ans en détention préventive, la police politique avait fini par renoncer à l'utiliser dans une affaire fabriquée de toutes pièces, et s'était contentée de le condamner à vingt-cinq ans (une fois coffré, on ne s'en sortait jamais sans condamnation).

Quant à Lago-Ozerov, j'apprendrai aussi bien des années plus tard qu'il faisait partie de l'INO (Département étranger du GPOU-NKVD). Il était arrivé à la prison de Boutyrka directement de Paris, où il était le résident des services secrets soviétiques. Encore un aspiré par la Grande Purge.

Un dernier détail : au hasard d'un énième transfert, je tomberai un jour sur un ancien compagnon de ma première cellule à Boutyrka, heureusement surpris de me trouver vivant : il avait rencontré Lago-Ozerov qui, en sa qualité d'ancien haut fonctionnaire du NKVD, l'avait assuré que quelqu'un comme Jacques Rossi devait sûrement avoir été fusillé. Quant à nous,

1. En 1945, après Hiroshima, alors que le Japon était déjà à genoux, l'Union soviétique lui a déclaré la guerre. Toute l'armée de Mandchourie, dont le lieutenant Konoe Fumitaka, s'est retrouvée prisonnière sans coup férir.

nous pensions tous que Lago-Ozerov n'échapperait pas à la balle dans la nuque. D'un autre côté, des centaines de milliers de personnes étaient exécutées, alors qu'il n'y avait pas la moindre raison de les soupçonner de quoi que ce soit.

Comme quoi, les voies du NKVD sont impénétrables… Tout comme celles du Seigneur !

SZMUL SZWARC

Ce qui me frappe, ce sont ses grands yeux marron. Tristes, étonnés. Il peut avoir dix-huit ans. Il semble perdu dans cette cour des miracles que devient instantanément une baraque déjà bondée quand, peu après le couvre-feu, l'administration y installe encore de nouveaux locataires. Tout le monde a réussi à se caser tant bien que mal, avec force jurons, en cognant à droite et à gauche. Lui, il est toujours planté là, son bonnet enfoncé de travers. Quel drôle d'oiseau ! Il m'intrigue.

— D'où viens-tu ?

Ses yeux tristes et étonnés se tournent vers moi.

— De Varsovie.

— *Mòwisz po polsku ?* Tu parles polonais ?

— Oui.

J'apprends que son père était chapelier dans le quartier juif de Varsovie. Le pacte entre l'Allemagne fasciste et la Russie communiste ayant permis à Hitler de déclencher la Seconde Guerre mondiale, il y a quelques semaines, sa famille a dû fuir devant les armées hitlériennes. Passés du côté soviétique, ils ont très vite été séparés et expédiés chacun dans des camps différents. Il ignore où se trouvent son père, sa mère, ses deux sœurs et son petit frère.

Ma nouvelle connaissance, Szmul Szwarc (prononcez Chmoul Chvartz), n'en est qu'au tout début de son calvaire. Pour moi, cela dure depuis déjà deux ans. Et puis, je suis plus âgé que lui d'une bonne dizaine d'années. En ma qualité de « vieux routier », je réussis à lui trouver une place pour dormir. Demain, ce sera le réveil à cinq heures du matin, la distribution de la ration de pain quotidienne, de la maigre soupe, et ouste ! le départ au travail, pour onze heures et demie [1]. Il est affecté à une autre équipe que moi. Mais, de temps en temps, il vient me voir et, chaque fois, j'essaie de l'initier à cet univers que je comprends un peu mieux que lui. Si son russe est assez primitif (il l'apprend sur le tas), son polonais, lui, est tout à fait honorable. Il venait de passer son bac dans un lycée de Varsovie. La langue polonaise ainsi que les souvenirs de Pologne nous rapprochent. Il a l'air de me considérer comme son frère aîné.

Puis le hasard des affectations nous sépare.

Bien des années plus tard, j'apprendrai qu'à l'époque, alors que je me trouvais au cachot (chose assez banale), Szmul avait tenté de me faire parvenir une

1. Dès le lendemain de l'agression de l'Allemagne contre l'Union soviétique, en juin 1941, la journée de travail est passée de dix heures à onze heures et demie.

ration de pain. La sienne. Dans sa naïveté, il ne lui était pas venu à l'idée qu'elle serait obligatoirement volée…

Soixante ans ont passé et, jusqu'à aujourd'hui, je suis reconnaissant à Szmul pour ce geste d'une générosité inimaginable.

LE LOUVRE

Quatre heures du matin. Le guichet s'ouvre. Nous sommes une trentaine dans la cellule, tondus, en pyjama rayé. Certains ne dorment pas, tourmentés par leurs pensées. Derrière le guichet, une voix étouffée.

— La lettre A !

— Alexandrov !

— Et encore ?

— Androuchenko !

— Et encore ?

— Abramovitch !

— Prénom, prénom du père, date de naissance, article du Code, condamnation ?

Le vieux Abramovitch répond à chaque question. Tout concorde.

— Préparez-vous à sortir !

Le guichet se referme. Abramovitch s'habille. La porte s'ouvre pour le laisser sortir et se referme aussitôt derrière lui.

Je le rappelle, cette procédure compliquée a un sens : si le gardien nommait carrément le nom de l'individu qu'il vient chercher, et qu'il se trompait de cellule, les détenus pourraient ainsi apprendre l'identité d'un des occupants des cellules voisines.

Un quart d'heure plus tard, le même rituel recommence. Cette fois, c'est la lettre B. En deux heures, huit personnes sont ainsi sorties de la cellule, une par une. Je suis le dernier. Il est déjà six heures du matin. Le surveillant me conduit dans le quartier d'isolement. Là, un autre me fouille. Il ne trouve rien, pas le moindre fragment de mine ou de métal (une épingle, par exemple). C'est bon. Il m'enferme. Les camarades qui m'ont précédé doivent être tous dans des cellules individuelles, eux aussi. Au secret. Chacun de nous entend les portes s'ouvrir et se refermer, des pas dans le couloir, mais il est impossible de savoir de qui il s'agit. Tout se passe en silence. Le but officiel de cette procédure est de remettre leur courrier aux détenus, s'ils en ont reçu. Nous appelons ça « la lecture du courrier ». De fait, chaque prisonnier est autorisé à recevoir une lettre par mois, à moins qu'il ne soit interdit de correspondance par mesure disciplinaire, ou sur instruction spéciale des autorités supérieures. Si plusieurs lettres sont arrivées à l'intention d'un même destinataire, l'officier lui en remet une seule. Les autres attendront la prochaine fois. S'il lui permet de la choisir lui-même, c'est de sa part un geste d'une extrême gentillesse. Peut-être pas gratuit. De toute façon, le bénéficiaire se gardera bien de s'en vanter auprès de ses camarades. Seules les lettres venant de la proche famille (parents, enfants, frères et sœurs, à condition qu'ils figurent dans le dossier) sont transmises. Grands-parents, cousins, petits-enfants et amis sont exclus. Par ailleurs, les détenus ne sont autorisés à expédier qu'une seule lettre tous les six mois. Si la famille réside à l'étranger, la correspondance est interdite, sauf instructions spéciales.

Vers onze heures, c'est mon tour. Le gardien qui m'escorte m'ordonne de m'arrêter devant la porte du bureau de l'officier de sécurité. Il rectifie sa tenue, prend un air encore plus responsable et frappe.

— Entrez !

— Camarade lieutenant-colonel, le détenu est à votre disposition, conformément à vos ordres !

L'officier le congédie et, dès que la porte s'est refermée, il s'adresse à moi :

— Il n'y a pas de courrier pour vous... Avez-vous des questions ?

Il me dit ça tous les mois, depuis déjà des années. Je n'ai pas de famille en URSS et ne suis donc autorisé à correspondre avec personne. Quant aux questions, c'est plutôt lui qui les pose...

Ce rituel de « lecture du courrier » donne à l'officier de sécurité l'occasion de voir tous les mois en tête à tête chacun des trois ou quatre cents détenus de la prison. Et d'être au courant de tout ce qui se passe dans les cellules. Combien de fois ne nous a-t-il pas surpris en citant avec exactitude les paroles ou les gestes de tel ou tel d'entre nous. Il nous semble tout savoir. Même des détails sans importance. Et la conscience d'être exposé vingt-quatre heures sur vingt-quatre à cette vigilance infernale nous terrorise, nous rend fous...

Entre neuf heures et midi, chacun d'entre nous va avoir un entretien en tête à tête avec cet officier. Tout est prévu pour nous empêcher de savoir combien de temps durent ces tête-à-tête. Celui qui reste plus longtemps que les autres serait soupçonné d'être un mouchard.

Après ce premier entretien, chacun est reconduit dans sa cellule individuelle du quartier d'isolement. Toujours au secret. Ceux qui ont du courrier se plongent dans la lecture. Les autres passent le temps comme ils peuvent. Entre quinze et dix-huit heures, deuxième entretien, toujours en tête-à-tête. Ceux qui ont reçu une lettre la rendent à l'officier qui la joindra au dossier. À cette occasion, certains peuvent remettre un rapport confidentiel qu'ils viennent de rédiger. Puis chacun est de nouveau reconduit dans sa cellule individuelle. Ce n'est que tard dans la nuit, parfois vers deux ou trois heures du matin, que nous serons ramenés, toujours séparément, dans notre cellule commune, « chez nous ».

À l'occasion d'un de ces entretiens rituels, je trouve l'officier de sécurité particulièrement détendu. Après le sempiternel : « Vous n'avez pas de courrier », il me demande de lui parler de Paris, de ses monuments et de ses bordels, qu'il connaît par la littérature. Il est très intéressé par le Louvre. Je suis impressionné de découvrir qu'un lieutenant-colonel du KGB, au fin fond de la Sibérie, est au courant de l'existence même du Louvre… Remontant d'un passé devenu depuis longtemps irréel, surgissent dans ma mémoire la

Vénus de Milo, la *Joconde*… Mais ce n'est pas ça qui intéresse l'officier.

— Dites-moi, c'est bien au Louvre que se trouve le fameux couple de Pompéi, surpris par la lave en train de faire l'amour ?

À ce moment précis, le gardien, qu'il avait appelé d'un coup de sonnette un instant plus tôt, frappe à la porte. L'officier s'arrête net, le fait entrer et lui ordonne d'un ton sec de me ramener dans la cellule.

Lui, l'homme le plus craint de la prison, tant du dernier des détenus que du directeur lui-même, dont il est formellement l'adjoint, lui, le redoutable et tout-puissant représentant de la police politique, n'ose pas prendre le risque qu'un simple deuxième classe soit témoin de cet interrogatoire insolite…

PARCE QUE LES MAINS DE L'HOMME SONT FAITES COMME ÇA

C'est déjà la troisième fois que nos chemins se croisent. La première, c'était dans la cale d'une péniche. Nous étions plus d'un millier, serrés comme des sardines, en route vers le nord. Au bout de dix-sept ou dix-huit jours, on nous avait débarqués sur une berge déserte, dans la toundra arctique. Le camp de Norilsk. J'avais la sensation glaçante d'être projeté à l'extrême bout du monde. Coupé de tout. Alors que beaucoup de mes compagnons d'infortune ne se laissaient pas impressionner par ce nouveau malheur, un parmi tant d'autres. Un homme, surtout, m'avait frappé. Une barbe hirsute, poivre et sel. L'air parfaitement indifférent. Je l'ai retrouvé trois ans plus tard, dans une équipe de terrassiers. Toujours aussi calme, aussi impassible. J'étais impressionné par l'aisance avec laquelle il maniait la pioche et la barre de fer de mine. À l'occasion de l'appel, j'ai appris son nom : Sémione Iévlampiévitch.

Aujourd'hui, bien des années plus tard, nous voilà couchés à même le sol, coincés sous les bat-flanc d'une baraque disciplinaire. Les bat-flanc, eux, sont occupés par les voyous et les truands, comme c'est la règle. On échange des informations. J'apprends qu'avant le coup d'État d'octobre 1917, Sémione Iévlampiévitch faisait partie des « Tolstoïens », un mouvement assez confus de paysans influencés par les enseignements de Tolstoï. Sa première expérience du Goulag remonte au début des années trente, lors de la collectivisation forcée. À peine libéré, il a été happé par la Grande Purge de 1937. Il en a pris pour dix ans.

Il a immédiatement décelé en moi un étranger, un fils à papa, et communiste, par-dessus le marché. Dans sa grande générosité, non seulement il ne m'en veut pas, mais il m'explique avec indulgence que l'idéal marxiste-léniniste est une chimère irréalisable.

Pourquoi ? Parce que les mains de l'homme sont faites comme ça…

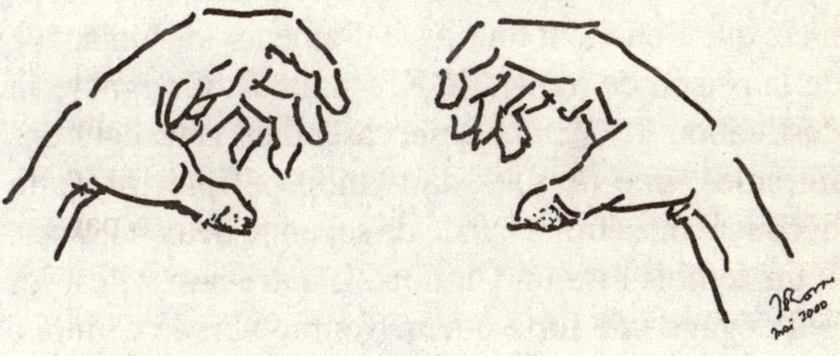

… Toujours tirer vers soi.

LE KOMSOMOL CHINOIS

Je prends mon chinois à deux mains :

— *Ni che tsung nâ-li laï-de jen ?* D'où tu es ?

Apparemment surpris, l'homme me fixe sans mot dire. Puis, méfiant :

— Tu es allé en Chine ?

Nous sommes dans une grande salle, bondée à craquer, de la prison de transit de Novossibirsk. Je fais partie d'un groupe d'une quinzaine de prisonniers que l'on vient tout juste d'amener ici. On arrive de la prison de transit de Krasnoïarsk. On ignore la destination. Je cherche à me caser dans cette cour des miracles, une de plus dans mon périple forcé. Je découvre une étroite bande de sol entre deux hommes. L'un semble être un Chinois. L'autre non. C'est lui qui dégage une forte odeur. Tourné vers le Chinois, je continue la conversation :

— Il y a plus de vingt ans, je suis passé par Changhai. Cela fait dix-neuf ans que je suis au Goulag, depuis 1937.

Le Chinois est peu bavard. J'apprends quand même qu'il est originaire du nord-est de la Chine. Lui, il est en URSS depuis vingt-sept ans, dont vingt-six au Goulag. Je ne lui pose pas la question idiote : « Pour quel motif ? » Je sais depuis longtemps qu'il n'y a que deux raisons pour échouer au Goulag : la première, c'est quand il y a un soupçon de soupçon. La seconde, ce sont tous les autres cas de figure…

Soudain, la porte s'ouvre. Une liste à la main, l'officier de service apparaît sur le seuil. Toutes les conversations s'arrêtent net. Soixante paires d'yeux sont rivées sur lui. Il lit une douzaine de noms. Au fur et à mesure, chacun se manifeste en déclinant son prénom et celui de son père, l'année de sa naissance, l'article du Code pénal et la durée de sa peine. L'officier vérifie sur sa liste. C'est bon. Il ordonne : « Ramassez vos affaires ! » Et il sort. La porte se referme, pour s'ouvrir de nouveau quelques instants plus tard. On fait sortir les hommes un par un, leur baluchon à la main. Mon interlocuteur chinois est du nombre. J'ai retenu son nom : Li.

Six semaines s'écoulent. Des centaines d'hommes passent par notre salle de transit, venant de différents camps et prisons de l'immense empire du Goulag. Certains arrivent, d'autres partent on ne sait où. C'est mon tour. Inséré dans un convoi, j'échoue dans la prison de transit de Sverdlovsk. Une fois toutes les procédures d'usage terminées, mon groupe est conduit dans une grande salle. Comme toujours, elle est pleine à craquer. Les seules places disponibles sont à même le sol, un sol couvert de crachats juteux qui ressemblent à des huîtres molles. Je trouve un coin pas trop souillé. Un homme vient vers moi : c'est Li ! Cette fois, il me raconte son histoire.

En 1929, il est soldat dans l'armée de Tchang Kaïchek, non loin de la frontière avec l'URSS. Les accrochages entre Soviétiques et Chinois y sont fréquents. Li fait partie de la cellule clandestine des jeunes communistes de son unité. Apprenant l'imminence d'une attaque surprise contre les positions soviétiques, les jeunes communistes décident de prévenir leurs frères de classe russes. Li réussit à tromper la vigilance des postes chinois. Par miracle, il échappe aux balles soviétiques en traversant le no man's land, et arrive à se faire conduire jusqu'au commandant. De toute évidence, celui-ci était loin de se douter de la présence si proche d'un détachement chinois. Il convoque ses officiers et demande à Li de lui indiquer, sur une carte d'état-major, la position exacte de son détachement. Li s'exécute, puis veut partir. Il est pressé d'aller prévenir ses camarades communistes pour qu'ils puissent s'enfuir avant l'attaque russe. Mais le commandant insiste : il faut d'abord qu'il mange quelque chose ! Et voilà Li attablé avec des officiers soviétiques devant un repas abondamment arrosé de vodka.

Lorsqu'il se réveillera le lendemain, la tête lourde, il apprendra que toute son unité a été anéantie par l'artillerie russe…

Ce récit a réveillé en moi de vieux souvenirs. En 1929, vingt-sept ans plus tôt, lors de mon premier séjour en URSS, je m'étais retrouvé en compagnie de jeunes communistes soviétiques aussi enthousiastes que moi. L'un d'eux, un officier de l'Armée rouge, venait d'Extrême-Orient. Il m'avait raconté précisément cet incident. C'était lui, le commandant auquel Li avait eu affaire. J'avais été bouleversé : comment peut-on, de sang-froid, massacrer des camarades qui luttent à l'étranger pour la révolution mondiale ?

— Les intérêts de l'Union soviétique passent avant l'internationalisme communiste ! m'avait doctement déclaré le commandant. Quelle garantie avait-on qu'en rejoignant son unité, Li ne trahirait pas sous la torture ? Et n'oublie pas, camarade, avait-il ajouté, que tout cela doit rester un secret absolu !

Bien des décennies plus tard, en 1991, lors de sa dernière intervention devant le Soviet suprême de l'URSS, Andreï Sakharov protestera contre les pratiques des années soviétiques en Afghanistan : dans les cas où il était impossible d'évacuer des groupes de soldats encerclés par les moudjahidins, le commandement russe envoyait systématiquement des hélicoptères chargés de les massacrer.

Toujours le même souci d'empêcher la moindre information de parvenir à l'ennemi.

LA FAIM

Les cloisons de mon estomac vide se contractent, frottent l'une contre l'autre. Pas la moindre nourriture pour les écarter. C'est comme si elles voulaient se dévorer. Je ne sais pas si c'est ainsi que ça se passe exactement, mais c'est ce que je ressens… Une douleur tenace. Seul le sommeil arrive à l'estomper. Au Goulag, on dit : « Le sommeil du prisonnier est sacré, il est bon pour les nerfs et il trompe la faim. »

J'ai faim. Depuis des années. Je sais pertinemment que ça ne changera jamais. Jamais. La faim torture l'estomac, et elle est aussi dans la tête. Mon esprit déraille. Des souvenirs confus émergent d'un passé lointain. Des souvenirs du monde libre, d'avant mon arrivée en Union soviétique, d'avant le Goulag. Les souvenirs de luttes acharnées pour la justice sociale, pour la liberté… Nous sommes cinq ou six jeunes enthousiastes à discuter sur les moyens de changer le monde. Chacun cite son Marx, son Engels, son Staline, son Lénine. La révolution mondiale, c'est pour demain. Elle est inévitable. On est autour d'une table sur laquelle traînent les restes d'un repas : des morceaux de pain blanc (!) à peine entamés, des pilons de poulet sur lesquels il y a encore des fragments de chair, des verres avec un fond de vin... Je fais un effort surhumain pour m'arracher à ce mirage délirant. On ne doit à aucun prix se permettre cette « masturbation gastronomique ». C'est ainsi que l'on appelle, au Goulag, l'évocation des souvenirs gastronomiques d'antan. Ils ne peuvent qu'affaiblir la résistance du prisonnier affamé que cherche à broyer la toute-puissante police politique de la toute-puissante dictature communiste. Surtout, ne lui facilitons pas la tâche !... Me voilà à présent sur les Champs-Élysées. Il fait beau. Les gens se promènent, tout heureux. Ils ne soupçonnent même pas l'existence du Goulag. De belles vitrines, des cafés, des bars, de joyeux convives attablés devant des... Ah ! non ! Encore ! Faisons un nouvel effort... Cette fois, je me promène dans le Louvre. La *Victoire de Samothrace*, la *Vénus de Milo*, la divine *Joconde* et, tout près, les Flamands : des Rubens aux chairs débordantes, des natures mortes, des monceaux de victuailles appétissantes... Non ! Au diable ces souvenirs ! Je n'en sors pas ! Même si j'avalais d'un seul coup mes six cents grammes de pain noir, la ration quotidienne du forçat, la faim serait toujours là. D'ailleurs, cette précipitation serait justifiée par l'expérience : dans la promiscuité des baraques, il arrive qu'on vous arrache de la bouche le pain que vous n'avez pas encore eu le temps d'avaler. Mais parfois, on peut le faire tranquillement griller sur le poêle, ce pain tout gluant d'humidité. Il devient alors croustillant. À force de le ruminer longtemps, très longtemps, avec beaucoup de salive, il prend un goût sucré. Un vrai délice ! Peu importe si un voisin est en train de se débarrasser de ses poux en les jetant sur ce même poêle... Des poux qui s'enflamment et craquent comme des pétards.

C'est surtout dans les prisons centrales, où l'on reste enfermé dans sa cellule vingt-quatre heures sur vingt-quatre, qu'on a tout le loisir de ruminer indéfiniment la moindre bouchée de pain, le moindre grain de la bouillie de millet. Bien sûr, ceux qui ont les moyens de cantiner engloutissent leur nourriture allégrement. Comme il est difficile pour les parias de ne pas regarder de leur côté, de ne pas entendre leurs bruits de mastication et leurs rots ! Et comme il est difficile de se raisonner, de se convaincre que le morceau de sucre du voisin n'est pas, ne peut pas être plus gros que celui qu'on a reçu !

Il est vrai que le Goulag offre à ses forçats la chance d'améliorer leur ordinaire en échange d'un effort supplémentaire. Hélas, le calcul est fait de telle sorte que le supplément de nourriture ne compense pas le supplément d'effort. Le prisonnier dépérit irrémédiablement et on le retrouve en train de fouiller les tas d'ordures. D'où le dicton : « Ce n'est pas la petite ration qui tue, c'est la grande. »

LE FROID

C'est comme si un géant puisait avec un seau dans une rivière de lumière, puis projetait cette lumière à toute volée contre le firmament. Des éclaboussures pâles, comme du néon, s'allument ici et là sur toute la coupole du ciel. Des rayons qui ondulent, vibrent, zigzaguent, sautillent, s'éteignent pour réapparaître soudain ailleurs. Parfois, c'est un immense rideau de lumière ondoyant suspendu très haut dans le ciel, exactement comme l'aurore boréale de mon livre de géographie d'il y a des lustres, quand j'étais enfant. Dieu, que c'est haut… Ici, ce splendide spectacle de la nature ne nous enthousiasme pas le moins du monde. Pour que l'aurore boréale soit visible, il faut que le ciel soit complètement dégagé. Et nous savons bien que cela annonce un froid encore plus intense. Il fait déjà –40 °C. Chaque petit degré supplémentaire, on le ressent dans sa chair. Pas besoin de thermomètre. On a l'impression de sentir ses os geler. Quand il fait –50, il faut faire un effort pour décoller ses paupières et, chaque fois qu'on respire, on sent comme des couteaux qui s'enfoncent dans ses poumons. On se protège comme on peut : on serre ses manches au poignet, par-dessus les moufles, avec de la ficelle ; même chose aux chevilles. En guise de ceinture, une autre ficelle, pour empêcher l'air glacial de pénétrer sous les vêtements. On enfonce son bonnet jusqu'aux sourcils, on s'enroule autour du cou et du visage un chiffon qui couvre tout, sauf les yeux. En gelant, la respiration forme une croûte de glace qui coupe l'arête du nez. Certains laissent leur nez dégagé, quitte à ce qu'il gèle. Ils n'arrêtent pas de souffler sur la goutte qui se forme au bout. Pas question de mouchoir. Enlever sa moufle pour chercher dans sa poche, c'est pratiquement impossible. Les doigts s'engourdissent immédiatement. C'est déjà assez difficile de se reboutonner après avoir fait pipi. Ces multiples préparatifs prennent beaucoup de temps. Tous les vêtements sont en coton : le linge de corps, la veste et le pantalon molletonnés, les bas, le caban, le bonnet. Par-dessus les bas, des chaussures en corde tressée. Une fois par heure, on a le droit de s'approcher cinq minutes des feux. Et là, gare aux étincelles ! Le coton brûle très facilement. Ce n'est pas le cas des peaux de mouton et des solides bottes en feutre de nos gardiens. On envie leurs trognes rougeaudes et bien nourries. Ce sont eux qui nous ont fait allumer ces feux qu'ils ne quittent pas, sauf pendant les quelques minutes qui nous sont accordées.

Dans les années vingt, les travaux en plein air (sauf les travaux d'urgence) devaient s'arrêter à –25 °C.

Par la suite, des instructions secrètes ont mis la barre de plus en plus haut, arrivant jusqu'à – 50 °C dans les camps de Kolyma, par exemple. Les détenus ont servi au pouvoir soviétique de cobayes pour tester la résistance humaine au froid (à la faim, aux mauvais traitements, etc.). Les résultats ainsi obtenus sont très en deçà des minima fixés par l'Organisation mondiale de la santé. Encore un record mondial de battu !

LE RÉVEIL

Des coups de marteau contre un rail. Portés par l'air glacé de la nuit, ils résonnent avec une pureté cristalline dans la promiscuité malodorante de la baraque. Il est cinq heures du matin. Il fait noir. La nuit va durer plusieurs mois encore : on est en hiver, au-delà du cercle polaire, en Sibérie.

Pour nous, une nouvelle journée commence. Nous sommes cent vingt-cinq hommes dans notre moitié de baraque, serrés les uns contre les autres sur les bat-flanc à deux niveaux. Ce sont des planches fixées aux murs latéraux sur toute la longueur de la baraque, respectivement à cinquante et à cent dix centimètres du sol. En se levant, ceux qui dorment en bas se cognent souvent la tête contre les pieds de ceux qui descendent. Des jurons, des disputes. Il est déjà difficile de s'arracher au sommeil qui fait oublier la faim…

Avant le réveil, Vano, l'homme de service de notre baraque, est allé chercher nos cabans, nos chaussures et nos chaussettes russes (ces bandes de tissu dont les Russes s'emmaillotent les pieds en guise de chaussettes) qui séchaient dans un local prévu à cet effet. Tout ça est gris, informe, maintes fois rapiécé. Sous cet énorme ballot de hardes, on ne voit que les pieds de Vano. Avant même qu'il ait eu le temps de le laisser tomber par terre, nous nous ruons dessus pour récupérer nos affaires. Pas facile ! Les chaussettes russes, surtout, sont difficiles à identifier. On ne trouve pas les siennes, on se trompe, ou on prend tout simplement celles de quelqu'un d'autre. Des bagarres, des coups…

Les lavabos sont installés dans le tambour qui sépare les deux moitiés de la baraque, et dans lequel se trouve la sortie sur l'extérieur. La température y est presque la même que dehors. L'eau y est gelée, d'octobre à la mi-mai. Mais à l'intérieur de la baraque, il y a un bac rempli d'eau qui, elle, ne gèle pas. Certains débrouillards se remplissent la bouche avec avant d'entrer dans le tambour. Ils la laissent ensuite couler dans le creux de leurs mains, se transformant ainsi en lavabos de fortune. Les autres attendent simplement le bain suivant (une fois tous les dix jours), précédé de la tonte obligatoire de la tête et du pubis (pour la barbe, c'est facultatif). Tout ça avec la même tondeuse.

Entre-temps, Vano fait une nouvelle apparition, cette fois, avec deux seaux d'eau bouillante pour le petit déjeuner. Nous sommes probablement peu nombreux à nous souvenir avoir autrefois pris du thé ou du café le matin.

Arrive le moment le plus solennel de la journée : Vano revient du fournil avec notre pain. Il s'est fait accompagner par quelques gars de notre équipe, parmi les plus costauds. Histoire de ne pas se faire dévaliser en cours de route. Mais tout s'est bien passé. Voilà nos précieuses rations entassées sur la paillasse du chef d'équipe. On savoure des yeux sa rousseur gluante, on se grise de son parfum aigre. Les rations sont de quatre cent cinquante à neuf cents grammes, l'eau constituant à peu près la moitié du poids. Leur nombre et leur poids sont très minutieusement calculés d'après le rapport du chef d'équipe, qui a spécifié avec précision la part de travail exécutée par chaque individu.

Ce pain représente l'essentiel de notre alimentation, pour nous, il en est l'élément le plus important. Au Goulag, c'est aussi la valeur la plus stable. Comme le dollar dans les pays du tiers monde. La distribution de pain terminée, ce sont les plats chauds, soupe et bouillie, le plus souvent de millet. Une fois le repas expédié, on se prépare pour aller au travail. Chacun enfonce sur sa tête son bonnet matelassé, attache les oreillettes, s'enroule autour du cou un chiffon qu'il noue étroitement. Puis on enfile le caban qu'il s'agit de bien boutonner, de bien serrer avec une ficelle à la taille, aux poignets et aux chevilles. Tout cela demande beaucoup de temps et d'application. Surtout le poignet droit ! On dirait un paysan qui harnache son cheval. Seulement ici, on est soi-même le cheval… Des années plus tard, quand je verrai à l'écran des cosmonautes revêtir leur combinaison, je me souviendrai de ces préparatifs méticuleux.

Bon, nous voilà prêts pour affronter dix ou douze heures dehors, par un froid pouvant descendre jusqu'à –40.

Vano, lui, restera dans la baraque pour la nettoyer et protéger de son mieux nos maigres biens. Comme tous les détenus sont obligés de travailler, nous devons faire sa part de travail. Au chef d'équipe de ruser en rédigeant son rapport.

Six heures du matin. Nouveau signal. Toutes les baraques vomissent des flots de détenus fatigués, gris, usés. Résignés, ils se dirigent vers le portail. Là les attendent des hommes armés et des chiens, pour les escorter jusqu'aux chantiers. Tous ensemble, nous allons ajouter une nouvelle pierre au radieux édifice du communisme.

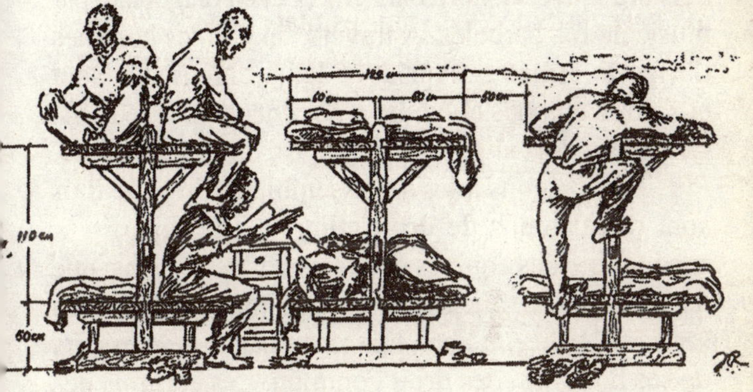

AU TRAVAIL !

On est en hiver. Il n'est pas encore six heures. Le portail de l'enceinte du camp est fermé. Enfin, le portail, c'est un bien grand mot. Il s'agit d'un châssis en bois brut traversé, horizontalement et en diagonale, par plusieurs fils barbelés. À travers, on voit les hommes d'escorte armés arriver avec leurs chiens. Ce sont eux qui vont nous conduire à nos chantiers respectifs. On nous a déjà alignés par équipes, en rangs de cinq. Plusieurs responsables se rassemblent. Presque tous sont des détenus de droit commun : le répartiteur avec la liste des équipes et de leurs effectifs, ainsi que les chantiers auxquels elles sont destinées. Le chef du service d'ordre, un libre, lui, accompagné de plusieurs de ses hommes, des droit commun. Les commis des services de l'habillement et de l'alimentation : si un détenu se plaint d'être mal protégé contre les intempéries par les hardes qui lui ont été fournies, ou d'avoir trop faim pour travailler, ils lui répondent d'autorité qu'il est « nourri selon la norme et vêtu selon la saison ». Il a alors le choix entre le chantier ou le cachot.

Le chef de la section culturelle et éducative est également présent : pour la énième fois, il aura la surprise de voir que l'enthousiasme de ces forçats du socialisme est bien loin de celui que la propagande officielle célèbre à qui mieux mieux. La présence de l'infirmier, surtout, est touchante : si un détenu est incapable de travailler pour cause de maladie grave, il lui fera avaler un cachet. En effet, une loi fixe à six pour cent le quota d'exemptés de travail. Or ce quota est déjà officiellement atteint. Ce n'est pas un hasard si le dicton dit : « Tu ne seras exempté que la tête sous le bras. » Le chef de camp assiste rarement à cette cérémonie, il se fait remplacer par un représentant. Quant au personnage le plus important du camp, l'officier de sécurité, il n'a pas besoin d'être là pour tout savoir dans les moindres détails grâce à son vaste réseau d'espions.

Six heures. Le signal « Au travail ! » retentit. Les gardiens du portail poussent les deux battants. L'un des deux tient à la main un morceau de contre-plaqué. Il fait un signe au chef de l'équipe la plus proche. Celui-ci donne son nom : Pétrov. Il retrouve ce nom sur son morceau de contre-plaqué et ordonne à l'équipe d'avancer. Elle franchit le portail, toujours en rangs de cinq. Les deux gardiens comptent les rangs à voix haute : « Un, deux, trois… » Ils multiplient par cinq le nombre obtenu, ajoutent les trois ou quatre individus du dernier rang si celui-ci est incomplet, et annoncent : « Équipe Pétrov, vingt-neuf hommes ! » Celui qui tient le bout de contre-plaqué inscrit le chiffre après le nom de Pétrov. Il arrive que les gardiens se trompent en comptant. Dans ce cas, l'équipe doit faire demi-tour, et le comptage recommence. À leur tour, le chef d'escorte et ses hommes comptent les prisonniers qu'ils prennent en charge. Eux aussi, il leur arrive de se tromper. Et la sortie d'une trentaine d'équipes, environ six à sept cents hommes, peut prendre plus d'une heure. Qu'il pleuve, qu'il vente ou qu'il gèle. Ce sera pareil au retour, après une journée de dix heures.

Plusieurs centaines d'hommes sont déjà passés. Soudain, un détenu rompt la monotonie de cette procession. Au moment où l'équipe Sidorenko franchit le portail, le voilà qui arrache tous ses vêtements, il se retrouve complètement nu. Ses yeux brillent, on dirait un possédé. Tout le monde sait qu'un détenu qui n'est pas « vêtu selon la saison » sera refusé par l'escorte qui, relevant de son propre commandement, n'a aucun ordre à recevoir du chef de camp. Le chef du service d'ordre fait un signe à ses hommes, qui se saisissent immédiatement du malheureux et le jettent sur la neige. Le comptage des équipes se poursuit comme si de rien n'était. Chaque fois que l'homme lève la tête, ses gardiens la lui enfoncent dans la neige avec leur botte. Sans trop de brutalité, d'ailleurs. C'est seulement quand la dernière équipe sera passée qu'ils lui donneront l'ordre de se lever et de se rhabiller. S'il refuse, on l'emmènera tout nu. Chose étonnante, ce genre d'incident se solde rarement par une pneumonie. Plus tard, on lui fera signer la décision le condamnant à dix jours de cachot avec travail obligatoire. Il aura quand même échappé au long trajet à pied jusqu'au chantier de son équipe. Et puis, un travail sur le territoire du camp est bien moins dur. On est un peu « chez soi ».

Quant aux équipes qui partent sur les chantiers, il peut leur arriver de voir, à l'extérieur du portail, un ou plusieurs cadavres gisant sur le sol : des évadés rattrapés et battus à mort par l'escorte, qui n'apprécie pas qu'on lui fausse compagnie. Ils resteront là plusieurs jours, pour l'exemple. Une vieille tradition qui remonte aux années vingt.

Et, comme toute institution qui se respecte, le Goulag est attaché à ses traditions.

UNE JOURNÉE DE PRINTEMPS

— Un pas à gauche, un pas à droite, et l'escorte tirera sans sommation ! Compris ?

— Compris ! répondons-nous en chœur, machinalement, sur un ton parfaitement indifférent.

C'est le chef d'escorte qui nous a adressé cet avertissement, après nous avoir comptés et recomptés à la sortie du camp. Cette formule, nous l'avons entendue des milliers de fois. Entérinée par notre « Compris ! », pareil à un « Amen ! ». Nous appelons ça « la prière ». Une « prière » peu banale, puisqu'il nous est arrivé à tous de voir nos camarades détenus abattus pour avoir juste fait un pas sur le côté.

À présent, le chef d'escorte nous intime l'ordre de nous mettre en marche en direction de notre chantier. Il y a plus de quatre kilomètres à faire. On est fin mai. Le soleil arctique ne se couche plus. Vingt-quatre heures sur vingt-quatre, ses rayons tièdes lèchent la neige amassée pendant les huit mois d'hiver. Mais le sol, éternellement gelé à des kilomètres de profondeur, reste imperméable. La toundra se transforme en un océan de boue. À chaque pas, nous devons faire un effort pour arracher notre jambe à cette boue suceuse. On glisse, on tombe, on se relève. Et attention à ne pas y laisser nos misérables godillots. On est éreinté par des années de malnutrition et d'un travail au-dessus de nos forces, sans aucun repos. Nos jambes sont ankylosées par la fatigue accumulée. Chose étrange, après une dure journée de travail, elles se seront dégourdies. Est-ce parce qu'on « rentre à la maison » ? Ou parce que les muscles se sont échauffés sur le chantier ? Quant aux hommes d'escorte, bien nourris, bien reposés, bien vêtus et bien chaussés, ils avancent gaillardement. La boue ne semble pas leur poser de problème. Ils hurlent à tue-tête : « Avancez ! Ne traînez pas ! » Dans mon dos, il y en a un qui fait jouer la culasse de son arme. A-t-il engagé la balle dans le canon de son fusil ? Cela m'est complètement égal. Si je continue à faire des efforts pour avancer, c'est de peur de rester tout seul, isolé de mes camarades.

Voici enfin le chantier. On est à bout de forces. Mais il faut aller chercher nos outils entreposés dans une cabane : pioches, barres de mine, pelles... Certains de mes camarades cherchent à obtenir une pelle ou une pioche plutôt qu'une autre. Ils ont de l'expérience, ils savent distinguer quels outils seront les moins durs à manier. Comment le savent-ils ? Eh bien : « Ici, c'est pas l'université, faut réfléchir ! »

Armés de nos outils, nous gagnons notre chantier. Il faut creuser des fondations. Le sol est dur comme du béton. Mais là où les barres de mine et les pioches l'ont entamé, il se transforme en boue à la tiédeur du soleil printanier. Ceux qui creusent au fond de la fosse pataugent dans une gadoue mêlée de roches et de cailloux. Au fur et à mesure qu'ils balancent des pelletées de cette gadoue à la surface, d'autres la chargent dans des brouettes, qui sont ensuite poussées jusqu'à la décharge. Une fois vidées, on les ramène, et tout recommence. Le terrain est accidenté et boueux. On a installé des sortes de pistes. Ce sont des planches placées bout à bout, à cheval les unes sur les autres, qui doivent être soigneusement disposées afin que la roue de la brouette ne dérape pas. Les accidents sont de vraies catastrophes pour l'équipe : ils entraînent une baisse de la production, qui se traduit immanquablement par la réduction de notre ration de pain. Contrairement à ce qui se passe sur tous les chantiers du monde, le Goulag n'embauche pas des ouvriers spécialisés, mais utilise tous ceux que la

police lui envoie. Il y a parmi nous un coiffeur, un professeur de philosophie marxiste, deux officiers, trois paysans, un petit délinquant, trois apparatchiks, un choriste de l'Opéra de Novossibirsk et quelques ouvriers (plombiers, cheminots, mineurs, etc.). Et pourtant, il y en a qui sont plus efficaces que les autres. Ce sont eux qui assurent à l'équipe des rations convenables… Et ce sont eux aussi qui exercent une pression psychologique et parfois physique sur les « faiblards » mal adaptés… Une pression qui, quand elle dure des années, est peut-être aussi éprouvante que les conditions matérielles du camp. Le fait d'y être encore sensible est la preuve que le Goulag ne vous a pas complètement laminé.

TOI, TOI ET TOI !

— Toi, toi et toi ! Sortez des rangs !

Nous sommes plus de trois cents, accroupis par rangs de cinq, les mains sur la tête, entourés par une cinquantaine de gardes, fusil en mains. On vient de nous faire sortir des cales de la péniche dans laquelle on nous avait enfermés il y a dix-huit jours, à Krasnoïarsk, à deux mille kilomètres en amont. Nous voilà à présent au-delà du cercle polaire, dans les camps de travaux forcés de Norilsk.

— Toi, toi et toi ! Sortez des rangs !

Un gardien se promène parmi nous, il parle d'un ton sec, dévisageant chaque fois l'individu en question d'un œil froid et infaillible, et pointant son doigt sur lui. L'homme se lève sans discuter et ramasse son baluchon. Au bout de quelques instants, un petit groupe se forme. Ils seront tous conduits ailleurs. Quelques-uns de ces visages s'impriment dans ma mémoire.

Au cours des dix ans que je vais passer dans les camps de Norilsk, il m'arrivera de croiser certains d'entre eux. Tous des caïds, des durs de durs. Comme Grichka-la-Vérole, ou Jorka-Crève-l'œil[1].

Ce n'était pas la première fois que j'avais l'occasion d'admirer à quel point les gardiens sont physionomistes. Comme les truands, d'ailleurs[2].

1. Voir les deux récits suivants.
2. Voir le récit *De fins psychologues*, p. 90.

UN CLOU ENTRE LES COUILLES

Le secrétaire du directeur de l'établissement pénitentiaire, qui est là pour protéger son chef des importuns, laisse entrer Jorka-Crève-l'œil sans problème.

— Bonjour, citoyen capitaine ! dit Jorka sur le seuil. Voici le rapport hebdomadaire sur les activités de la boulangerie du camp.

Interrompant son adjoint qui est en train de lui exposer un projet d'électrification des barbelés, le capitaine tend la main et saisit la grosse enveloppe que lui remet Jorka. Ce dernier prend congé et sort.

Truand condamné à plusieurs reprises pour meurtre, Jorka est responsable de la boulangerie. C'est une planque extrêmement lucrative. À condition, bien sûr, d'en faire profiter le capitaine. D'où cette enveloppe pleine de billets.

Mais, depuis quelque temps, les exigences de Jorka commencent à agacer le capitaine. Il cherche à s'en débarrasser. Ce n'est pas facile. Le plus simple serait le transfert surprise dans un autre camp. Ces transferts sont organisés par des professionnels : la liste des prisonniers à transférer, élaborée dans le plus grand secret, est communiquée, tout aussi secrètement, au service des transferts. Celui-ci organise une véritable opération militaire : en quelques minutes, le camp est encerclé, et les intéressés sont embarqués par des soldats. Pas moyen d'y échapper. À moins que… En vieux routier du Goulag, Jorka-Crève-l'œil connaît toutes les astuces. Il baisse son pantalon, s'assoit par terre, sort de sa poche le clou qu'il gardait en réserve pour cette éventualité et se le plante entre les couilles. Le voilà cloué au plancher. Pour l'en détacher, il faut l'intervention d'un serrurier. Et, étant donné les circonstances, d'un infirmier. Les services de transfert, qui ne dépendent pas du directeur du camp, ont des instructions très strictes : dans les cas de ce genre, l'intéressé est radié de la liste, et le convoi part sans lui. Le pauvre capitaine devra inventer une autre astuce pour se débarrasser de Jorka-Crève-l'œil.

« AUCUN RISQUE… »

Grichka-la-Vérole contemplait un carré de papier. Il le tenait délicatement, du bout des doigts. À vrai dire, c'était un morceau de sac de ciment sommairement nettoyé. Et, gribouillé dessus au crayon, son portrait. En caïd qui se respecte, il ne disait rien, mais il était visiblement satisfait. Aussi les truands de sa cour se sont-ils mis à vanter « le chef-d'œuvre » à qui mieux mieux. On négligeait le côté artistique pour mettre l'accent sur l'hypothétique « ressemblance » entre le modèle et le portrait. Pour bien montrer à quel point il était difficile de les distinguer l'un de l'autre, Ivan-Crève-l'œil s'adressait au portrait comme si c'était l'original en chair et en os : « Ah, que tu es beau, Grichka ! Quel regard fier ! Toutes les filles sont folles de toi ! » L'auteur du fameux portrait n'était autre que moi. J'en étais fier.

— Ne crains rien, le cave ! Tu ne cours aucun risque, ici ! m'a-t-il dit d'un ton protecteur en ordonnant à l'un de ses acolytes de me délivrer une ration de pain. (Mon Dieu ! Une ration de sept cent cinquante grammes ! J'étais trop affamé pour me demander d'où elle venait…)

J'avais une confiance totale dans les paroles de Grichka-la-Vérole : rien, absolument rien ne se passait sur son territoire sans son aval. Et de fait, je n'ai jamais eu le moindre ennui tant qu'il a été en vie. mais les truands font rarement de vieux os.

Des années plus tard, en 1949, le Kremlin vitupérait contre la Norvège qui venait de décider de rejoindre l'OTAN. « Il est de notoriété publique que la Norvège ne court aucun risque et n'a donc nullement besoin de rejoindre l'OTAN… »

Ça, c'était du Grichka-la-Vérole tout craché ! Une magistrale leçon de kremlinologie…

L'ÉVADÉ

Ivan Pétrov a réussi ! Tout le monde est heureux pour lui. Il est arrivé à fausser compagnie à la supervigilance de la superpuissante police soviétique et s'est évadé du camp de travaux forcés de Norilsk, au-delà du cercle polaire. C'est un homme d'une cinquantaine d'années, comptable de métier, condamné à dix ans pour un délit de droit commun. On l'avait amené de Krasnoïarsk, dont il était originaire, avec le premier transport de prisonniers, début juin, dès que l'Iénisseï était redevenu navigable. Et le voilà disparu en septembre, alors que le fleuve allait bientôt être repris par les glaces pour longtemps.

Plus d'un an s'est écoulé depuis. On est sans nouvelles de lui. Un jour, un convoi amène un copain d'Ivan Pétrov. Il nous apprend que ce dernier a réussi à remonter l'Iénisseï jusqu'à Krasnoïarsk, caché dans la cale d'une péniche. Ceci grâce à la complicité d'un matelot qui avait commis un meurtre, et qu'il faisait chanter. Une fois à Krasnoïarsk, Ivan Pétrov avait retrouvé ses enfants (entre-temps, sa femme avait quitté le domicile conjugal) et leur avait volé leurs tickets d'alimentation. Un véritable trésor. Depuis, plus de nouvelles.

Cinq ans plus tard, surprise : Ivan Pétrov, alias Boris Kouznetsov, est ramené à Norilsk. Il avait échangé les tickets d'alimentation volés à ses enfants contre de vrais faux papiers. Devenu Boris Kouznetsov, originaire d'Odessa en Ukraine, à des milliers de kilomètres à l'ouest de Krasnoïarsk, il était parti pour Khabarovsk, en Extrême-Orient (encore à des milliers de kilomètres, cette fois à l'est). Qui aurait pu l'identifier là-bas ? Il avait facilement trouvé un emploi de comptable dans une coopérative d'artisans. Dans sa situation, l'essentiel était de ne pas se faire remarquer. Cependant, éviter complètement les contacts aurait attiré l'attention de la police politique. Et voilà qu'un jour, autour d'une table, un des convives avait raconté une vieille histoire : une vingtaine d'années plus tôt, alors qu'il faisait son service militaire, il avait échappé de justesse au couteau d'un mari jaloux.

— Tiens, c'était justement dans ta ville natale, avait-il dit en s'adressant à Ivan Pétrov, alias Boris Kouznetsov. J'ai disparu dans une petite ruelle, tu sais, celle qui se trouve juste après le cinéma *L'Avenir radieux*, sur l'avenue Lénine, tu fois bien connaître ?

— Mmm ! avait confirmé Ivan, embarrassé.

Par la suite, il avait été plusieurs fois pris de court par des questions précises. Au bout de la troisième ou de la quatrième fois, les mouchards omniprésents avaient signalé à qui de droit ces hésitations suspectes. La police de Khabarovsk s'était mise en rapport avec celle d'Odessa. Et très vite, le faux Boris avait été condamné en bonne et due forme à une nouvelle peine de dix ans, sous le nom d'Ivan Pétrov, alias Boris Kouznetsov.

Avec tout ça, il a eu énormément de chance. D'habitude, un évadé rattrapé par ses propres gardiens est systématiquement tabassé, parfois à mort, et son cadavre est exposé plusieurs jours à l'entrée du camp, pour l'exemple. Boris, lui, repris à des milliers de kilomètres par d'autres services, a échappé à ce sort peu enviable. Tout compte fait, il s'en est plutôt bien tiré…

LE PLI SECRET

— Et que faites-vous si l'un de nos soldats blessé sur le champ de bataille refuse le secours que vous lui portez et vous demande de délivrer de toute urgence à son destinataire le pli secret dont il est porteur ?

Silence gêné. Personne ne sait quoi répondre. On est en automne 1941, quelques mois après l'agression de l'Allemagne nazie contre la Russie soviétique. La direction du complexe concentrationnaire de Norilsk vient d'organiser des cours de formation à l'intention de jeunes femmes faisant partie du personnel libre. Elles vont bientôt être envoyées sur le front comme infirmières.

La responsable vient tout juste d'insister sur l'urgence absolue des soins à porter aux blessés, héroïques défenseurs de la Patrie (avec un P majuscule !).

— Eh bien, reprend-elle, je vais vous le dire : on laisse le blessé, et on ne pense qu'à délivrer au plus vite le pli secret !

— Même si le blessé risque de mourir ? demande une voix timide.

— Absolument ! Car le pli secret, déclare solennellement la responsable, peut contenir des informations qui vont peut-être sauver la vie de plusieurs soldats rouges [1].

À présent, tout le monde comprend ce qu'il a à faire : la collectivité passe toujours avant l'individu. On sait cela depuis la maternelle. Et on sait aussi que les innombrables secrets des autorités sont plus importants que des vies humaines.

Ce cours avait lieu dans la grande salle de réunion du service sanitaire. Le chauffage était en panne et la porte de la pièce voisine, surchauffée, était restée ouverte. Je travaillais là, à repeindre les murs – une aubaine, au lieu d'être en train de creuser le sol gelé de l'Arctique à ciel ouvert pendant douze heures d'affilée ! Et j'ai tout entendu.

Deux ans plus tard, on amène dans notre baraque Micha, un nouveau prisonnier. Il nous raconte son histoire : alors qu'il était sur le front, que les balles sifflaient autour de lui et que les obus grondaient sans relâche, l'officier de sécurité l'avait chargé de porter un pli secret à l'arrière. Jovial, il lui avait tapé sur l'épaule : « Tu vas pouvoir oublier cet enfer le temps de ta mission. Mais fais gaffe, ne te laisse pas tuer ou prendre par l'ennemi ! Je t'attendrai avec la

1. Rappelons à ce propos que le serment dit d'Hippocrate que prêtent les médecins soviétiques a été un peu modifié : en effet, après « dans l'intérêt du patient », les autorités communistes ont ajouté « et de la société ». Les intérêts de la société, c'est le Parti et la police politique seuls qui les définissent. Ainsi, un médecin assistant à une séance de torture reste fidèle au serment d'Hippocrate.

réponse. » Micha avait eu de la chance : il avait réussi à délivrer le pli secret à son destinataire. Mon Dieu, quel calme ! Pas de balles qui sifflent, ici. Quant aux obus, on ne les entendait que de très loin. Il espérait bien pouvoir rester au moins quelques jours. Le sergent qui l'avait conduit devant le destinataire du pli secret est revenu. « Suivez-moi, soldat ! » lui a-t-il lancé. Il a fait entrer Micha quelque part et a refermé la porte derrière lui. Surpris, Micha a découvert qu'il était dans une cellule. À partir de ce moment-là, tout est allé très vite. Une machine bien huilée s'est mise en marche. En très peu de temps, Micha a été accusé de défaitisme, jugé en bonne et due forme et condamné à dix ans de travaux forcés. Comment aurait-il pu soupçonner que le pli secret qu'il avait délivré au péril de sa vie était une accusation contre lui et, qui plus est, montée de toutes pièces ?

Sergueï Pétrovitch, un vieux tchékiste de la première heure happé par la Grande Purge de 1937, se souvient, nostalgique : « Nous, on faisait pareil pendant la guerre civile. Pour ne pas risquer de voir des soldats armés prendre la défense d'un camarade qu'on voulait arrêter, on le chargeait d'un pli secret le dénonçant comme contre-révolutionnaire. Je n'ai pas souvenir qu'un seul de ces porteurs ait jamais ouvert le pli et fichu le camp. Il y en avait qui prenaient de gros risques pour le remettre à qui de droit, ce pli qui contenait leur mort… »

Il y avait quand même quelque chose qui nous intriguait : si l'héroïque porteur du pli secret était blessé et refusait d'être soigné, chargeant une non moins héroïque infirmière de s'acquitter de sa mission et de délivrer le pli à son destinataire, qu'arrivait-il à l'infirmière ? Était-elle condamnée aux travaux forcés à la place de l'absent ? Et à combien ? Après tout, ce n'était qu'une remplaçante…

LES LATRINES

Les latrines sont à quelque cent cinquante mètres de nos baraques. Et alors ? me direz-vous. Patientez un peu, vous allez comprendre…

Un besoin urgent tire Ghulam du sommeil. De ce précieux sommeil qui, seul, fait oublier la faim. À moitié endormi, sans s'habiller, il se précipite vers la sortie et, dès qu'il est dehors… Un jet irrésistible dessine des zigzags jaunes sur la blancheur de la neige. Incapable de se contrôler, Ghulam essaie quand même de gagner les latrines… Soudain surgissent des gars du service d'ordre. Du coup, les zigzags s'arrêtent. Les types obligent Ghulam à faire demi-tour et le ramènent à la baraque récupérer ses vêtements, avant de le conduire au cachot « pour infraction au règlement ». Il ne résiste pas. Il sait bien que les autorités ont toujours raison.

À mon tour, le même besoin pressant me précipite vers la sortie. Et là, je tombe sur le cortège qui ramène Ghulam. Les gars du service d'ordre m'embarquent, moi aussi. Je proteste : mais je n'ai rien fait ! Je n'ai même pas eu le temps de souiller la blancheur immaculée de la neige… On me remet à ma place : « Ta gueule ! » Quelle idée de protester de son innocence ! Cela fait pourtant des années que j'écris en vain aux autorités communistes, à tous les niveaux, pour protester contre l'illégalité de mon arrestation, contre les huit années de travaux forcés auxquelles on m'a condamné, puis, à l'expiration de ma peine, contre la décision officielle, tout aussi illégale, de me garder « jusqu'à nouvel ordre », etc.

Nous voilà conduits dans une cellule du mitard où se trouvent déjà quelques hommes. Tous pour « délit de pipi », réel ou non. Peu à peu, nous retombons dans le sommeil. Et voilà que j'entends soudain à travers les ronflements : « *Nich'akreb na azrahi kin ast…* » C'est Ghulam qui récite à mi-voix Saadi, son poète préféré. Tous les deux sont nés à Chiraz, en Iran. Mais le *zek* Ghulam, quelque sept cents ans après le poète… Il y a dix ans, alors qu'il était pilote dans l'armée du shah, il a été poursuivi par la chasse soviétique et forcé à se poser en territoire soviétique. Depuis, Ghulam n'a aucune nouvelle de sa famille, il n'a pas pu non plus contacter le consulat iranien. Son isolement est d'autant plus dur qu'il ne connaît pas le russe, il ne parle que le persan, le français et l'anglais. Il est vrai qu'il a eu le temps d'apprendre une sorte de russe du Goulag très rudimentaire. J'ai l'impression que s'il n'a pas sombré, c'est grâce à son étonnante volonté, ainsi qu'à la surprenante réserve de poèmes qu'il sait par cœur. La musique sublime de ces strophes persanes, majestueuses comme des cathédrales, m'enchante et me transporte hors de la sordide réalité goulaguienne et soviétique. Maladroitement, j'essaie de traduire : « Le scorpion ne pique pas parce qu'il en veut à quelqu'un, mais parce que c'est sa nature, il ne peut pas faire autrement… »

La porte du mitard s'ouvre encore. À présent, nous sommes dix. Dix paires de bras. Précisément ce dont avait besoin le chef du service d'ordre pour faire déblayer la neige sur la place où se déroulent les appels. Au bout d'une heure, le travail est terminé, et on nous laisse regagner nos baraques, comme si de rien n'était.

En attendant le lever et une nouvelle journée de travail, Wang Pei, ancien étudiant à l'université Sun-Yat-sen, nous confie que, lors de la construction de la Grande Muraille, les recruteurs impériaux allaient dans toutes les familles paysannes et demandaient à un des fils, un seul, si le moineau, lorsqu'on lui tord le cou, faisait « tchi » ou « tchu ». Que l'interrogé répondît « tchi » ou « tchu », le recruteur l'informait que c'était le contraire, et le jeune partait pour vingt ans construire la Grande Muraille.

Quel miracle que la réalité du Goulag n'ait quand même pas réussi à effacer les lointains souvenirs de la Grande Muraille, ni les strophes de Saadi et de tant d'autres… C'est peut-être l'un des secrets de notre survie.

ET L'AUTRE MAIN ?

« *On en bave une minute, et puis on se la coule douce.* »

Pour se soustraire aux travaux forcés, certains détenus se tranchent quelques doigts, ou même toute la main.

Sergueï avait l'habitude d'être toujours écouté et obéi sans jamais avoir besoin d'élever la voix. Lui qui ne payait pas de mine, il était entouré d'une cour de gens prêts à le servir. Dès qu'il avait envie d'en griller une, aussitôt, on lui roulait sa cigarette (les cigarettes toutes faites étaient rares), on la lui allumait et on la lui mettait dans la bouche. Car Sergueï n'avait pas de mains. Il ne lui restait que deux moignons. Il n'avait jamais eu de prothèses, le Goulag disposant de suffisamment de bras sans cela. Aussi Sergueï avait-il besoin d'aide dans les situations les plus incongrues et les plus naturelles… Pour ce qui était du tabac, le plus souvent, les « courtisans » de Sergueï s'en procuraient auprès des caves. Ceux-ci s'exécutaient sans rechigner: tout le monde savait qui était Sergueï, le caïd le plus redouté de toutes les baraques du secteur. À quarante ans, âge rarement atteint par un truand, il connaissait mieux que personne les lois non écrites du monde de la pègre, des lois très précises et strictement respectées par tous. Il gardait en mémoire de nombreux cas faisant jurisprudence, et il était donc une autorité incontestée, malgré son handicap physique.

C'était un esprit ouvert. Il s'intéressait à toutes sortes de sujets, même n'ayant rien à voir avec le milieu. Il aimait bavarder avec les intellectuels, si nombreux au Goulag parmi les prisonniers politiques. À l'occasion d'une de ces conversations, j'ai pris la liberté de lui demander comment il avait perdu ses mains.

— La gauche, je me la suis tranchée avec une hache. Pour me libérer une fois pour toutes de ces horribles travaux de force. J'étais tout jeune, c'était ma première condamnation.

— Et l'autre main ?

— Parce qu'ils me forçaient à porter de l'eau avec, les salauds. Alors, je l'ai passée sous une scie circulaire…

LE PROCUREUR EST SURPRIS

1949. La prison préventive de la direction régionale de la Sécurité d'État à Krasnoïarsk, sur l'Iénisseï, en Sibérie. La porte de ma minuscule cellule individuelle s'ouvre, et l'officier de service annonce :

— Le procureur du parquet régional !

Il laisse entrer un homme bien nourri, en uniforme brun de la justice soviétique.

— Avez-vous des questions ? demande-t-il en prononçant la formule consacrée.

Bien sûr que oui ! Je proteste de mon innocence et demande à être libéré immédiatement. Le procureur, surpris, me rassure :

— On va vérifier. Si vous êtes innocent, on va rapidement libérer la cellule pour y mettre quelqu'un d'autre.

Je n'ai plus jamais entendu parler de lui. Des mois ont passé. Une plaque de glace s'est formée sur le mur de ma cellule. Elle devient de plus en plus épaisse. Nouvelle visite d'un procureur. Cette fois, c'est une femme. Comme l'autre, elle me demande si j'ai des questions. Je me plains du froid et je lui montre la plaque de glace. Elle y jette un coup d'œil, puis se tourne vers moi, très surprise.

— De toute évidence, il a beaucoup plu cet automne, l'eau s'est infiltrée dans le mur, et le gel l'a transformée en glace. Quoi d'étonnant ? Vous qui êtes une personne instruite, vous devez bien connaître les lois de la physique, non ?

LA *TOUFTA*[1]
OU
LA TRICHE

Quelques histoires pour illustrer une pratique inventée par les *zeks*, que l'État s'est très vite appropriée…

L'administration de notre camp était en compétition avec celle du camp voisin. Chose très recommandée par Moscou. Elles s'étaient engagées par écrit, entre autres, à respecter strictement les règlements sanitaires. Et surtout, à procéder impérativement à douze désinsectisations des baraques durant l'année. En effet, des myriades de punaises sucent le sang des détenus pendant leur sommeil. Un vrai fléau.

Voici comment se déroule cette opération salutaire : on vide la baraque de ses occupants. On ferme portes et fenêtres. On les calfeutre, et on enfume l'intérieur avec du soufre. Cette fumée corrosive tue

1. Voir note p. 93.

toutes les punaises en deux ou trois jours. On aère ensuite pendant deux ou trois jours avant d'y réinstaller les détenus, qui vont quand même tousser pendant un certain temps. Que fait-on d'eux pendant la désinsectisation ? Eh bien, comme dans les camps les baraques vides sont rares, durant les dix mois d'hiver, on les fourre par petits groupes dans des baraques déjà surpeuplées. Mais en été, autrement dit en juillet et en août, le climat arctique permet de les faire coucher à la belle étoile. Pour on ne sait trop quelle raison, l'administration de notre camp a effectué trois désinsectisations pendant les dix mois d'hiver, et neuf en juillet et en août. Douze en tout, comme prévu. L'autre camp, lui, en a subi onze à intervalles réguliers. C'est notre camp qui a gagné.

Voici une autre histoire. De 1937 à 1939, je séjournais dans la prison de Boutyrka, à Moscou. L'administration transférait régulièrement les détenus d'une cellule à l'autre. Pour éviter, semble-t-il, la formation de groupes solidaires. J'avais la surprise de trouver régulièrement, au hasard de ces « dispersions de cellule », des gens qui avaient participé au recensement de la population. Celui de 1937. Un recensement qui sera ultérieurement déclaré nul et non avenu, mieux encore, officiellement oublié. Et pour cause : il avait dénombré cent soixante-deux millions d'habitants en URSS, alors qu'en 1934, à la tribune du XVIIe Congrès du Parti, le camarade Staline avait personnellement déclaré qu'étant donné le développement économique exceptionnel du pays, la population soviétique avait atteint les cent soixante-huit millions.

Des milliers de membres de la commission de recensement se sont retrouvés au Goulag. Des centaines d'entre eux ont été exécutés, dont le fameux statisticien russe O. Kvitkine[1]. En 1939, une nouvelle commission de recensement a retrouvé les dix millions manquants.

Encore une histoire, un souvenir qui remonte à très loin. Avant mon arrestation. C'est le début des années trente, dans une datcha non loin de Moscou. Plusieurs jeunes communistes étrangers venus du monde entier, des enthousiastes, participent à une compétition de tir. Un groupe d'Européens, et un groupe de Chinois. Parmi les Européens, il y a plusieurs pacifistes acharnés, entrés au Parti justement parce qu'il promet la fin de toutes les guerres. Parmi les Chinois, beaucoup ont déjà participé à des luttes armées. Ils tirent bien mieux que nous. Leurs cibles sont criblées de trous. Les nôtres, presque intactes. Le capitaine Ivanov, l'instructeur de notre groupe, est très déçu. Il tire de sa poche un gros clou et fait quelques trous dans nos cibles avant de les remettre au jury.

Et encore ceci : le fameux canal de la mer Blanche à la Baltique a été mis en service en 1933, au bout des vingt mois de délai fixé par Staline. Cela a été possible uniquement parce que l'OGPOU, la police poli-

1. Dimitri Ghmeliov, in *Knijnoe Obozrenie*, Moscou, 23.09.1999.

tique de l'époque, avait fait creuser moins profond que ne le prévoyait le projet (c'est d'ailleurs la raison pour laquelle ce canal n'est accessible qu'à des navires de faible tirant d'eau). Et parce que la date du début des travaux avait été falsifiée : ils avaient commencé non en 1932, comme on le proclamait, mais en 1931.

AH ! QU'ELLE ÉTAIT BELLE, CETTE UTOPIE...

Au début des années vingt, pendant quelques jours seulement, a fonctionné à Moscou un « self-service ». Entrée libre. Articles exposés. Prix affichés. Mais, chose étrange, pas de caissière à la sortie. À la place, des boîtes en verre avec une fente par laquelle le citoyen soviétique, avec la conscience de classe qui le caractérise tout naturellement, ne manquera pas d'introduire la somme correspondant au prix des articles qu'il emporte. Le soir, la recette dépasse de beaucoup le prix des articles emportés. Même chose le lendemain et les jours suivants. Toutefois, le surplus a tendance à diminuer. Bientôt, la recette devient inférieure au prix des articles emportés et ne fait que diminuer de façon catastrophique... Le magasin doit être fermé définitivement.

Quelle est la clé de ce mystère ? Eh bien, à cette époque lointaine, le Parti n'était pas encore en mesure de contrôler l'enthousiasme spontané des communistes de base. Ceux-ci croyaient dur comme fer que, à partir du moment où les moyens de production étaient passés des mains du capitalisme à celles de la collectivité, tout citoyen devenait noble et honnête. Aussi quelques utopistes du service d'approvisionnement de Moscou avaient-ils tenté l'expérience d'un magasin sans caissière. (Plus tard, le Parti finira, bien sûr, par éradiquer à tout jamais la moindre « initiative spontanée », qu'il soupçonne toujours de camoufler de noirs complots contre-révolutionnaires. Dorénavant, seul le Bureau politique organisera de main de maître les « initiatives spontanées ».)

Mais revenons à notre histoire. À côté de ces utopistes fanatiques, il y avait des « utopistes réalistes ». C'étaient ces derniers qui, se doutant que quelques rares citoyens n'avaient pas encore atteint la maturité politique nécessaire, bourraient eux-mêmes les boîtes en verre avec leurs propres roubles, afin d'éviter que la vérité n'éclate au grand jour. Ce qui apporterait de l'eau au moulin de l'ennemi, lequel ne manquerait pas de se frotter les mains : « Nous, on savait bien que vos idées n'étaient que de l'utopie. » Mais peut-on longtemps jeter son argent par les fenêtres au nom de l'utopie communiste ?

Cette histoire m'a été racontée par des amis communistes, tout aussi enthousiastes que moi-même, lors de ma première visite à Moscou en 1929. Comme moi, ils seront happés par la Grande Purge de 1937. Hélas, ils n'auront pas la chance d'y survivre. Mais l'un des utopistes de l'ancien service d'approvisionnement de Moscou, qui avaient cru à l'intégrité du citoyen libéré du capitalisme, a, lui, survécu. Je l'ai rencontré en 1955 dans une prison de transit en Sibérie. Non, il n'avait pas été condamné pour ses fantaisies utopistes des années vingt. C'est beaucoup plus tard, en 1937, qu'il avait écopé de dix ans, pour « trotskisme » (très à la mode à l'époque), à l'issue d'un simulacre de procès. Et à l'expiration de la peine, une décision administrative l'avait expédié en prison de haute sécurité pour vingt-cinq ans supplémentaires. À soixante ans, il avait l'air d'un vieillard. Il ne lui restait plus rien de son bel enthousiasme d'antan.

Cher lecteur,

Les fragments de vies que vous venez de lire sont autant de scènes d'une immense tragédie dont j'ai été témoin.

Il y a bien longtemps que j'attendais ce rendez-vous avec le public français. Si j'ai survécu à plus de vingt années de rudes épreuves, je le dois entre autres à la volonté farouche de rentrer un jour en France pour raconter ce que j'ai vu et appris au Goulag.

Mais, me direz-vous, que diable étais-je allé faire dans cette galère ? Eh bien, en 1937, quand a débuté mon odyssée, communiste fervent, j'étais un agent secret au service du Komintern (l'Internationale communiste), prêt à tous les sacrifices pour instaurer sur terre le règne de la justice sociale. Si l'on m'avait dit que je servirais la cause en me jetant du haut de la tour Eiffel, je l'aurais fait sans hésiter. Tel Prométhée, je voulais dérober le feu aux dieux pour le bien de l'humanité et j'étais prêt à en payer le prix.

Français, né en 1909 dans une famille aisée, j'ai dix ans lorsqu'est signé l'armistice de la Grande Guerre.

Le « plus jamais ça ! » des grandes personnes me marque profondément. Un peu plus tard, pour des raisons familiales, je me retrouve à Varsovie. En Pologne, les contrastes sociaux sont plus flagrants qu'en France, où je passe mes vacances : un jour, sur les terres de mon beau-père, une vieille paysanne se précipite vers moi pour me baiser la main... J'ai à peine douze ans. À seize ans, je fréquente des jeunes gens engagés dans la lutte contre l'injustice sociale. Ils lisent Rousseau, l'ethnologue américain Morgan, Marx, Engels, Lénine. Un étudiant en sociologie d'origine paysanne nous révèle la misère des masses laborieuses. C'est un choc pour moi. À dix-sept ans, je deviens membre du PC clandestin de Pologne. Six mois plus tard, je me fais prendre avec des tracts illégaux appelant les conscrits, en cas de guerre, à tourner leurs armes non contre leurs frères, les ouvriers et les paysans soviétiques, mais contre leurs vrais ennemis, les capitalistes et les propriétaires fonciers polonais. Jugé en bonne et due forme, me voilà en prison pour neuf mois. Je suis fier de servir la bonne cause.

Ma peine purgée, je ne retourne plus chez mon beau-père (ma mère est morte en 1920). En 1928, je suis employé au service dit « technique » du Komintern. Je circule à travers l'Europe sous de fausses identités, pour remettre des documents dissimulés dans des objets on ne peut plus innocents, à des gens dont j'ignore souvent tout, y compris le nom. Je ne cherche pas à en savoir davantage. C'est la règle première de la discipline révolutionnaire.

En 1937, en pleine guerre d'Espagne, je suis envoyé avec un émetteur clandestin derrière les lignes de Franco, pour transmettre aux républicains des messages codés.

Et voilà que, subitement, on me rappelle de toute urgence à Moscou. Ma coéquipière, dont j'ignore la véritable identité bien que nous formions officiellement un couple marié, me supplie de ne pas y aller : 1937, c'est l'année de la Grande Purge. Un raz de marée d'arrestations déferle sur l'URSS. Je suis indigné par la réaction « petite-bourgeoise » de ma camarade. « Un soldat de la révolution exécute les ordres sans discuter ! »

Lorsque peu après, dans une prison de Moscou, un commissaire-interrogateur me pose la question rituelle : « Savez-vous pourquoi on vous a arrêté ? », je réponds non. Mais je me dis que c'est sans doute pour ne pas avoir dénoncé ma coéquipière... « Pour espionnage au profit de la France et de la Pologne ! » me déclare-t-il. Là, c'est tout juste si je n'éclate pas de rire. Je suis sûr que les camarades vont se rendre compte de leur erreur, qu'ils me demanderont bientôt de les excuser... Je les assurerai que je ne leur en veux nullement. Par les temps qui courent, alors que tant de nos vaillants camarades s'emploient à démasquer de perfides conspirations contre la Cause, les erreurs sont inévitables. Certains détenus, des communistes convaincus tout aussi innocents que moi des crimes dont ils sont accusés, s'inquiètent même à l'idée que, dans cette pagaille, de véritables ennemis du peuple pourraient échapper à la vigilance du

Parti… On est bien plus révolutionnaire que ce petit-bourgeois de Voltaire qui prétendait qu'il valait mieux « risquer de sauver un coupable que de condamner un innocent » !

Le Parti n'a pas reconnu son « erreur ». L'erreur, c'était moi qui l'avais commise. Cela, je ne le comprendrai que petit à petit, en découvrant ce que les communistes ont fait subir à une multitude de peuples. En voyant de mes propres yeux les innombrables vies broyées par ce régime. Au cours de mes vingt-quatre années de Goulag, j'interrogerai des milliers de codétenus – des Russes, des Ukrainiens, des Tatares, des Bouriates, et j'en passe. Des ouvriers, des paysans, des militaires, des fonctionnaires, des apparatchiks, des professeurs… J'entendrai des récits auxquels j'aurai du mal à croire. Ces milliers de témoignages, venus de tous les coins de cet immense empire, finissent par former un tableau terrible.

Peu à peu, je prends conscience que les idéaux communistes, si séduisants, sont en fait des illusions irréalisables. Que ceux qui s'entêtent à les « réaliser » doivent inévitablement recourir au mensonge, ce qui implique obligatoirement la censure, donc l'instauration d'une terreur d'État. Dès les premières années, l'Union soviétique s'est transformée en un immense « village de Potemkine », un décor trompeur dissimulant des océans de boue et de sang. Le premier État paysan et ouvrier du monde, l'espoir de tant de belles âmes, était en fait le pays du mensonge total. Plutôt que de prendre le parti du peuple trompé et opprimé, ces « belles âmes » ont préféré, pour sau-

vegarder leurs chères illusions, le parti de la bureaucratie soviétique. Et dire que moi, j'avais consacré toutes mes forces à faire triompher ce régime, non moins abject que celui des nazis, mais certainement beaucoup plus hypocrite, et qui a duré six fois plus longtemps, contaminant presque tous les continents. Au bout du compte, si l'on considère les millions de victimes des deux régimes, y a-t-il vraiment une différence entre le « sale collabo » des nazis et celui qui, en Occident, fermant délibérément les yeux, a soutenu le régime soviétique ?

Lorsqu'en 1985 je suis enfin rentré dans le pays de mes ancêtres pour m'y établir, après de multiples pérégrinations, j'ai découvert avec surprise que mon témoignage n'intéressait que fort peu de monde. Et même, qu'il dérangeait. « Pourvu que la droite ne le récupère pas ! » s'inquiétaient les uns. « Il n'est pas convenable de dévoiler des faits gênants pour l'URSS, qui a tant contribué à libérer l'Europe du fascisme ! » renchérissaient les autres, s'obstinant à ignorer ce que les esprits critiques soupçonnaient déjà depuis longtemps, à savoir que si l'URSS avait aidé à libérer l'Europe, c'était bien malgré elle[1].

1. Ayant reçu de la France et de la Grande-Bretagne la proposition de conclure un pacte destiné à contrecarrer les visées allemandes et à éviter la guerre, Staline prononça le 19 août 1939, devant le Politburo, un discours dont voici un extrait : « Si nous signons avec la France et la Grande-Bretagne un pacte d'assistance mutuelle, l'Allemagne renoncera certainement à la Pologne et cherchera un *modus vivendi* avec les puissances occidentales. La guerre sera repoussée, mais par la suite, les événements pourront prendre un tour dangereux pour l'URSS. Si nous acceptons la proposition faite par l'Allemagne de conclure avec elle un

J'ai donc failli renoncer à me faire entendre. Jusqu'au jour où, en 1995, Jean-Michel Marquebielle m'a proposé de publier quelques-uns des récits de ce volume.

Il y a soixante-dix ans, je me suis engagé corps et âme dans le mouvement communiste, sincèrement persuadé de défendre la cause de la justice sociale, à laquelle je suis toujours attaché. Ayons le courage de le reconnaître : je me suis fourvoyé. Et il est de mon devoir de mettre en garde les honnêtes gens :

« Attention ! Ne vous engagez pas sur cette voie qui aboutit fatalement à une catastrophe économique, sociale, politique, culturelle, écologique… »

Peut-être que, sans mes années de Goulag, j'aurais eu du mal à le comprendre.

pacte de non-agression, elle attaquera évidemment la Pologne, ce qui rendra inévitable l'intervention de la France et de l'Angleterre. L'Europe occidentale sera alors la proie de troubles et de désordres graves. Dans ces conditions, nous aurons de grandes chances de rester à l'écart du conflit, et nous pourrons espérer entrer en guerre lorsque ce sera avantageux pour nous. »

(Retrouvé dans les Archives spéciales de l'URSS par T.S. Bouchoueva après l'effondrement du régime soviétique, cf. *Novy Mir*, 1994, n° 12, pp. 232-233.)

TABLE DES MATIÈRES

Composition : Francisco *Compo* - 61290 Longny-au-Perche

Impression réalisée sur Presse Offset par

BRODARD & TAUPIN

GROUPE CPI

15948 – La Flèche (Sarthe), le 20-11-2002
Dépôt légal : novembre 2002

POCKET – 12, avenue d'Italie - 75627 Paris cedex 13
Tél. : 01.44.16.05.00

Imprimé en France